英語は要領!

山西治男

アスコム

はじめに
英語は要領!
ラクして身につける

　英語をもっと自由に使いこなしたい、
多くの日本人の願いです。
　海外旅行を楽しみたい、海外に住んでみたい、留学したい、社内公用語になった、海外出張で必要になった、洋画を字幕なしで楽しみたい、ネットで世界中の人と交流したい……、その理由はさまざま。
　だからといって、机に向かって参考書を開いて……と、まじめに勉強することはお勧めしません。テストでいい点が取れても実際には全然使えないという人、多いですよね。その原因は、この勉強方法にあるのです。学校のテストでいい点を取るための勉強方法では、使える英語はなかなか身につきません。
　今回、ぼくが提案するのは、**できるだけ少ない時間で効率よく英語を身につける**、とっておきの方法です。英語は、もっと楽しく、もっと気軽に、遊ぶくらいの感覚で挑むのがちょうどいいのです。

★ 英語のキモを理解すれば、英語力がアップする

　やり直し英語のコツは英語の要領をおさえること。英語

の「キモ」さえ理解すれば、英語力はラクにアップします。

　たとえば、パート1では「日本語と英語の違い」を取り上げました。「日本語はあいまいな言葉」であり、「英語はハッキリさせる言葉」という違いがわかれば、ありとあらゆる英語の謎が理解できるようになります。

　詳しくは本編で紹介していきますが、冠詞の「the」が存在する意味、I（私）が大文字の理由、結論が先にくる英語構文など、英語の謎が解き明かされていくと思います。

「思ったように英語が上達しない」「英語って覚えることが多くて大変」……という声をよく耳にします。

　英語は難しいと思っている方は、冠詞、前置詞、時制、フレーズ……など、英語の各項目を点として捉えているからかもしれません。そういう方にこそ、英語の「キモ」を知ってほしい。**「キモ」を理解できれば、点が線になり、面になり、そして英語という言葉の空間が自分のまわりに広がっていきます。**

　大きな空間で捉えれば、英語は何も難しいものではありません。そして、とっても楽しい言葉であることにも気づくでしょう。

　本書には、覚えておくと得する英語の「キモ」を集めました。これですべてということはありませんが、これだけで英語への恐怖心が、英語への興味へと変わっていくと思います。

ぼくは、國學院大學をはじめいくつもの大学で長い間、学生たちに**英語を教えてきました。どうすれば、学生たちに英語の楽しさをわかりやすく教えられるかを日々考え、実践してきました。**

　本書では、その中でも特に大切なもの、つまり「キモ」を、できるかぎりわかりやすく紹介していきます。そして、いちばん大切にしたのは、正確な英語を伝えることではなく、英語の楽しさを伝えること。

　英語が楽しいと思えば、細かい英語の知識は、後から自然とついてくるでしょう。

★ 中学レベルの英語力でも大丈夫

　英語を勉強する、というと、基礎からみっちり学ばなければ！なんて、構える人が多いかもしれませんね。でも、実はそんな必要はないんです。ほとんどの日本人は、**中学校の三年間で必要な英語の基礎を知らず知らずのうちに身につけています。**

　本書を手にしたあなたは、アルファベットや基本的な単語、英語のあいさつ、be動詞や時制、bookは「ボーク」ではなく「ブック」と読むなど、すでに知っているはず。

　英語の「キモ」になるのが、この、中学校で習った英語。これさえ押さえれば、英語は使えます。

　中学校で習った英語をもっと気軽に使っていけば、おのずと英語はできるようになる！これが本書のねらいです。難しいことは考えずに、要領よくいきましょう。

英語では**「なんでもハッキリさせる」ことが冠詞や前置詞などの使い方や発音よりずっと大切**。自分の意見をハッキリ主張する、結論をハッキリさせる、など、内容のわかりやすさの方が求められます。

　文法や単語は中学レベルで十分。ムズカシイ構文も単語も必要ありません。

　もちろん、専門分野に特化した単語が必要な人もいるでしょう。でも、自分の専門分野ならば、自然とその単語も身につくはず。サッカーの中田英寿さんの語学力は有名ですが、サッカーの話題であれば、すぐに習得できたそうです。**自分の好きな話題なら、簡単に会話が上達します。**「話す」こと自体が楽しいからですね。

　その基礎になる英語は中学レベルで十分。イチから英語を新たに勉強する必要はありません。中学校で習った英語を要領よく使いこなせばいいのです。英語の「キモ」をおさえて、気軽にどんどん使ってみましょう。

　英語は要領。気軽にラクして身につけるもの。この本が、みなさんの英語が好きになるきっかけになったら、著者としてうれしいかぎりです。

　　　　　　　　　　　　　　　　　　　　　山西治男

Contents

はじめに
英語は要領! ラクして身につける ……… 2
　英語のキモを理解すれば、英語力がアップする
　中学レベルの英語力でも大丈夫

英語のコツ❶
あいまいな日本語、ハッキリさせる英語

あいまいでよかった日本語、ハッキリさせたかった英語 ……… 16
　日本語と英語の違いを理解する
　日本語と英語の文化的背景の違い
　責任の所在をハッキリさせるのが英語

最頻出の「the」こそが、ハッキリさせたい英語の特徴 ……… 20
　なぜ、theという単語があるのか
　theとaの違い

冠詞を付けないのも、単語の意味をハッキリさせるため ……… 22
　学校に冠詞が付かない理由
　冠詞がなければ単語の意味が広がる

I(私)を大文字にすることで、ハッキリと自己主張する ……… 24
　なぜ、I(私)は大文字なのか
　英語では、人間はみな平等

英語では、「雨が降る」の主語もハッキリさせる ……… 26
　「人間が主体」の英語
　主語をハッキリできない場合はItを使う

まず、結論をハッキリさせること …… 28
まず、結論ありきの英語構文
英語はストレート
日本のビジネス・シーンでも結論が先

なんでも持ちたい英語、持つことにこだわらない日本語 …… 32
haveを使った表現が多い理由
haveを使った表現が英語上達のカギ

英語は「ドライ」で「フェア」、日本語は「ウエット」で「まわりくどい」 …… 34
英語には感謝の気持ちがない？
英語はフェアな言語

日本語だけではない。英語にもていねい語はある …… 36
Could you...?で、ていねいにお願いする
どんな立場の人にもていねいな言い方を

古池に、蛙が何匹飛び込んだか気になる英語 …… 40
古池に、蛙は何匹飛び込んだのか
文化によって、ハッキリさせるものが違う

言葉では伝えきれない日本語、言葉通りにしか伝わらない英語 …… 42
なぜ、「夫に死なれた」は英語にできないのか
言いたいことはハッキリと言う
暗黙の了解が成立しない英語

マッチョと武士道の精神が、英語上達のポイント …… 46
男は泣かないアメリカン武士道
英語はマッチョな言葉

Column① 1・2・3語の表現① …… 31
Column② ていねいな英語表現 …… 39
Column③ 道を聞かれたとき …… 45
Column④ 1・2・3語の表現② …… 48

英語のコツ❷
英語学習は、気軽に楽しむ

二人の「世界のホンダ」から学ぶ自分の意思を英語で伝えるコツ ……… 50
大人の英会話で大事なのは人間力
本田圭佑選手から学ぶ「英語マインド」
本田宗一郎氏に学ぶ「語学力を超える国際力」
失敗をしないと英語はうまくならない

マッチポンプ式で正確な英語を導き出す ……… 54
開き直れば、英語は怖くない
覚えた英語は、すぐに他で使う

自分の目的に合った英語力を、身につける ……… 56
本当の「英語力」とは何か
本当の英語力とは、自分の夢や目標をかなえる手段
英語学習で大事な勉強時間

英語ができる人の共通点、英語ができない人の共通点 ……… 60
英語ができる人はアウトプットが得意
英語は使わないと上達しない

英語を使う人の8割は非ネイティブ ……… 62
意外に少ない英語ネイティブ
非ネイティブ同士の英会話で大切なこと

英語は、シンプルな「数式的発想」でうまくいく ……… 64
英語の考え方はシンプル
英語の数式的な発想を理解する

英英辞典を愛用すれば、英語の本質が身につく ……… 66
英語のクセ、構造を学ぶ
単語の「核」となる意味を学ぶ
実践的な英語の実力が身につく

英語学習を無理なく続ける工夫とアイデア ……72
　　英語も毎日の水やりが肝心
　　ラジオや新聞を活用する
　　スキマ時間の英語勉強法

翻訳機も実践している「丸暗記勉強法」のススメ ……76
　　好きな映画や本から学ぶ
　　丸暗記勉強はムダにならない

新しい英単語、英語フレーズを効果的に覚える方法 ……78
　　マイ単語帳、マイフレーズ帳のススメ
　　単語の意味だけでなく、文章で書き留める

ツイッターで楽しみながら新しい英語表現を知る ……80
　　ツイッターで毎日英語に触れる
　　ツイッターが英語を変える

フレーズひとつでいろいろなニュアンスを伝える方法 ……82
　　言い方しだいで命令、疑問、意志…
　　フレーズをどんどん使う機動力のある勉強を

生きた英語を学ぶ最良の方法は? ……84
　　チラシとネットは生きた英語の宝庫

　　Column ⑤　感じのいいフレーズ ……59
　　Column ⑥　いかにも英語な日本語 ……71
　　Column ⑦　単語のキモになる意味 ……75

英語のコツ❸
英会話は、すべてをハッキリさせる

英会話の基本は、あいさつで始まり、あいさつで終わる ……86
　　握手とスマイルは「攻撃しない」サイン
　　ドラえもんのあいさつは理想的

相手への「思いやり」「祈り」を口に出して言う …… 88
　「よい朝」が「おはよう」になる理由
　相手のことを気遣えば、いい関係を築ける

郷に入れば郷に従えば、英会話は上達するのか？ …… 90
　お辞儀に注意
　日本人としてふるまう

表情やジェスチャーも、ハッキリさせることが大切 …… 92
　もう能面なんて言わせない
　積極的にアイコンタクトをする
　身振り手振りで、気持ちを表す

相手をハッキリほめる技術で、コミュニケーションを円滑にする …… 96
　「ほめる」技術を磨く
　「ほめる」ひと言フレーズを覚える
　感嘆文で「ほめる」
　文章でほめれば、よりていねいになる

なぜ、ネイティブはゆっくりしゃべってくれないのか …… 100
　ネイティブはゆっくりしゃべれない
　フレーズ、センテンスで区切る

アクセントをハッキリさせると、ネイティブの英語に近づく …… 102
　メリハリを付けて発音する
　ネイティブのまねをする

表情や言葉の「調子」をハッキリさせると効果バツグン …… 104
　口を大きくあけて話すと、伝わり度がアップする
　表情や声の調子だけでも伝わる

リスニングが苦手な原因は、自分で「発音」ができないこと …… 106
　発音できない音は聞き取れない
　間違いやすい発音に要注意

中学英語で発音の基礎はできている
文脈から判断すれば、聞き取れる

英会話は「相手にわからせてやる」くらいの気合いで ……… 110
英語は横隔膜を動かして声を出す
英語で話すときは、気合いを入れる

Not を使って、上手にキッパリ断る ……… 112
ハッキリとした態度を示す
Not を活用すれば、スマートに断れる

人に勧める、促すときは、please を使わない ……… 114
「どうぞ」の二つの意味
お願いするときは、please を使う

シンプルに考えれば、英語への恐怖心はなくなる ……… 116
シンプル英語のすすめ
困ったときほどシンプルに

英語の work は、あれこれ使える単語 ……… 118
あらゆる場面で work が顔を出す
モノに対しても work を使う

エラソーに聞こえる「上から目線」の英語に要注意 ……… 120
エラソーに名前をたずねない
上から目線の言い方に注意
want の使い方にも要注意

専門用語を知らなければ簡単な表現に言い替える ……… 124
簡単な言いまわしで表現する
専門用語に頼らなくても大丈夫

病院で困らない中学英語で「痛み」を伝えるコツ ……… 126
痛みの程度を伝える
痛い部分、原因を伝える

海外で気をつけたいトイレとタクシーの「しまった!」 …… 128
トイレにまつわる大事な英語
タクシーを呼びたいとき

ハッキリ自己主張する練習「英語で怒ってみる」 …… 130
自己主張することは正義

Column ⑧ 感じのいいあいさつ …… 95
Column ⑨ 怒りの英語フレーズ …… 131
Column ⑩ ネイティブ仕様の発音 …… 132

英語のコツ❹
英文法は、「本質」を理解する

日本語を前から読むように、英語も前から順番に訳す …… 134
FIFO方式を活用
ニュースの英文テロップで練習する
お決まりの英語構文も前から訳す
かたまりごとに訳す

各段落の第一文だけを読めば、英文の概略をつかめる …… 138
速読のポイントは第一文

IとYouの関係性を知れば、theの使い方が見えてくる …… 140
「私」と「あなた」の関係性
IとYouの間にある「the」

数字の読み方には、簡単なコツがある …… 142
数字は2ケタずつ読む
大きい数字の場合は、カンマを活用する

主語や時制によって、動詞が変化する英語の不思議 …… 144
なぜ、三単現にはsが付くのか
規則動詞と不規則動詞があるのはなぜ?

スターバックスやデニーズの「S」に隠された秘密 …… 146
　店名には所有格のsがよく使われる

日本語訳は同じでも、単語ひとつでニュアンスが異なる …… 148
　使役動詞の程度問題
　should より had better の方が強い

英単語ひとつだけでも、いろいろなことが言える …… 152
　英語の「お湯」が hot water になる理由
　基本動詞の意味は幅広い

学校で習った「命令文」は、本来の意味のごく一部 …… 154
　命令文は偉そうな言い方ではない
　命令文の You が省略される理由

have to はなぜ「ハヴ・トゥー」ではなく、「ハフ・トゥー」なのか …… 156
　must と have to は同じではない
　have to を「ハフ・トゥー」と発音する理由

英語の「時」(時制) は、立ち位置をハッキリさせる …… 158
　英語では「いつのできごとか」が重要
　現在形と現在進行形の違い
　完了形は、時間を幅で捉える

仮定法は「ありえね〜」「あるある」で簡単に理解できる …… 162
　「ありえね〜」は過去形、「あるある」は現在形
　仮定法過去完了は「もしもあのとき〜でなかったら」

will と be going to はまったく違う意味 …… 164
　will と be going to のニュアンス
　気持ちの移り変わり
　現在進行形は切羽詰った状態

イメージで覚えれば、前置詞は怖くない …… 168
　英語は前置詞、日本語は後置詞

焦点のat、接するon、中にいるin

数えられる名詞と数えられない名詞の違い ……… 170
可算名詞と不可算名詞
「時間」は本当に数えられないのか
日本の「お金」が数えられない理由

Column ⑪ 「時間かせぎ」英語 ……… 139
Column ⑫ ネイティブは使わない英語 ……… 147
Column ⑬ バイトフレーズ① ……… 151
Column ⑭ バイトフレーズ② ……… 161
Column ⑮ 励ます英語フレーズ ……… 167
Column ⑯ 愛を語るフレーズ ……… 173

英語のコツ❶

あいまいな日本語、ハッキリさせる英語

英語のコツ❶

あいまいでよかった日本語、
ハッキリさせたかった英語

🖋 日本語と英語の違いを理解する

　日本語と英語はまったく違う言葉です。それは、単語や文法という表面的なものだけでなく、言語が生まれた背景に違いがあるからです。

　英語をマスターするうえで、英語圏の文化的背景を知ることは、一見ムダのように思えるかもしれませんが、最終的には近道になります。

　その理由は、英米の文化が表面化したものが英語だからです。漫然と英単語やフレーズを覚えるよりも、その背景を理解したほうが、スムーズに英語を覚えられるのです。英単語を語源で覚えるのと同じ理屈ですね。

　また、**英語は使ってナンボの世界**です。ネイティブとの会話でも、英語の原書を読む場合でも、その裏側にある文化的背景を知って使うと、相手の言うこと、著者が述べたいことをより理解できます。

　今まで英語を学んできたにもかかわらず上達を実感できなかった人は、この文化的背景を気にしないでいたからかもしれません。

文化の違いを知ることは、日本語と英語の違いを知ることです。「**英語とはどういう言語なのか**」「**日本語とどう違うのか**」**がストンとわかれば、一気に英語力が身につきます**。

🖉 日本語と英語の文化的背景の違い

英語の母国・英国（イングランド）は、常に異民族に侵略、攻撃され、ノルマン征服でフランス語が公用語になった時期もありました。

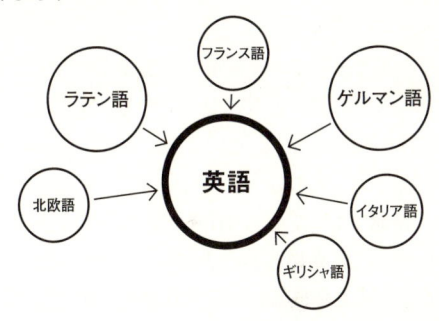

```
         フランス語
            ↓
ラテン語         ゲルマン語
    ↘    ↓    ↙
       英語
    ↗    ↑    ↖
北欧語          イタリア語
         ギリシャ語
```

異民族とのコミュニケーションは命がけなことが多く、「**責任の所在をハッキリさせる**」「**論理的**」「**まず結論**」「**簡単明快**」「**対等（へりくだれば奴隷にされる）**」**であることが、必要不可欠**でした。

一方、日本は異民族の侵入もなく、また「和」の精神が尊ばれてきました。その場その場で、目上の人、強い人に従う「長いものに巻かれる」土壌が育まれました。

英語のコツ❶

　たいていのことは、それまでの積み重ねからアタリをつけます。「あ・うんの呼吸」「以心伝心」「空気を読んで」という日本語があるように、言葉でなく場の空気で、お互いの「距離感」を調節します。そのため、英語と反対に、「責任の所在も意志も、あいまいにする」ための言い回しがとても多いのです。

　つまり、簡単に言ってしまえば、**「日本語は、あいまいにしたい言語」「英語は、ハッキリさせたい言語」**ということです。

　これは、英語を学ぶうえで最も重要な違いです。
　日本語の場合、ビジネス・シーンでも「あれどうなったの？」「これでなんとか」といった、実体のない言葉が飛び交います。
　一方、英語では、「あの価格に関する件はどうなったの？」とか「この見積もりの上限は、300ドルくらいでいいですよね？」と具体的にハッキリ言います。
　英語では単独でthisやthatを使わずに、this price matterとか that problem of the machineと言う傾向が強いのです。

🖋 責任の所在をハッキリさせるのが英語

　日本文化は、「責任の所在をあいまいにしたい文化」です。
　たとえば、「〜に習い」「社長も乗り気なので」など、自

分が言いたいことを、前例や第三者の言葉を借りて主張することが多々あります。また、ほめられた場合でも、「とんでもない」と謙遜したりします。

日本人は「簡単にあやまる」ことでも有名です。そのため、「すみません」が口グセになっている人は多いのではないでしょうか。

強風のために電車が遅れても「ご迷惑をおかけして、大変申し訳ございません」とアナウンスが流れます。自分があやまることで、その場を丸くおさめる「負けるが勝ち」文化が根付いています。

英語圏の人は逆に、どこまでも「自分は正しい」と言いはります。「あやまった者は負け。負けたら責任をとる」ハメになる可能性が高いからです。たとえ人を車ではねた場合でも、「まず自分の正当性を主張しなさい」と教えられて育ちます。

英語攻略の最大のコツは、「ハッキリ主張する」ことです。

英語で伝える心構えとして、**「すべて明確に、しつこいくらいに、わからせてやるという気持ち」** が大切。

英語を使うときは、日本人どうしの「相手はわかっている、わかってくれる」という甘えをきっぱり捨ててください。一から十まで説明するくらいの気持ちでいきましょう。

英語のコツ❶

最頻出の「the」こそが、
ハッキリさせたい英語の特徴

🖉 なぜ、theという単語があるのか

　英語でもっともよく使われる言葉は、theだというデータがあります（*Words, Words, Words, David Crystal*）。

「英語はハッキリさせたい言語」を象徴していますね。たいていの名詞の前には、theやa/ anといった冠詞、myやyourなどの所有格が付きます。

　そのモノがどういったモノか、誰のモノかをハッキリさせるためです。

　場合によっては何も付かないこともありますが、それにも意図があります。

　一方、日本語には冠詞がありません。あいまいにしたい日本語では、冠詞が必要なかったのです。だから、日本人の多くは英語の冠詞が苦手です。

　しかし、逆に考えてみてください。「ハッキリさせるために冠詞がある」という本質がわかれば、実は日本語よりも簡単。

　そこで、ここではtheとa/anの違いを簡単に紹介したいと思います。

🖉 theとaの違い

さっそくですが、次の二つの例文を比較してください。

> **I eat a cake every day.**（私は毎日ケーキを食べる）
> **I eat the cake every day.**（私は毎日そのケーキを食べる）

a/anには、「世界中にたくさんあるもののひとつ（= one of)」という意味があります。ですから、どのケーキか限定されていません。

ショートケーキ、チーズケーキ、シフォンケーキ、マロンケーキ……などのうち、どれかひとつを食べているという普通の意味になります。

一方、下の文ではtheが使われています。theには、**「世界にひとつだけのもの、みんなが知っていること、話の前後からひとつに特定できるもの」**という意味があります。

この例文では、theが付くことで、「そのケーキ」と限定したことになります。つまり、毎日同じケーキを食べているということです。

一般的なケーキと、決まったケーキの違いを、冠詞のa/anとtheでハッキリさせているのです。

theが最もよく使われるのは、英語がハッキリさせる言語だからですね。

英語のコツ❶

冠詞を付けないのも、
単語の意味をハッキリさせるため

🖉 学校に冠詞が付かない理由

中学生のとき、「学校へ行く」は go to school と習いました。なぜ、学校には冠詞が付かないのでしょうか。

その理由は、school という単語の意味にあります。具体的な「建築物」としての学校を意味するのであれば、a や the が付きます。

しかし、「授業」「学校生活」という意味の「学校」には、冠詞は付かないのです。

> ① **I go to school.**（私は学校に行く）
> ② **There was a fire at the school near my house.**
> （昨日、家の近くの学校で火事があった）

①の例文の school は、**学校という広い意味になります**。

②の例文の school は「家の近くの」特定の学校を意味しています。選挙の投票のために「その」学校に行くというのであれば、冠詞を付けないといけません。建築物としての学校であれば、the が付きます。

「学校」という単語に含まれる意味をハッキリさせるために、冠詞が付いたり、あえて付かなかったりするわけですね。

🖉 冠詞がなければ単語の意味が広がる

冠詞のあるなしの意味がわかれば、次の例文のニュアンスもわかってもらえると思います。

> **How's school?**（学校はどうだった？）
> **How's business?**（景気はどう？）

schoolは「学校生活」全般を意味し、businessも「仕事」全般、「世の中の景気」を意味しています。

教会へ行くという場合も同じです。お祈り、礼拝のために行く場合は、go to church。教会のバザーに行ったというときには、I went to a church...と冠詞が付きます。

その他にも、「水夫になる」も go to sea、入院する場合も go to hospitalになるわけです。

ひとつ付け加えておくと、現在のアメリカ英語では、地域によって通う学校が特定化されるためなのか、go to schoolよりも、go to the schoolとtheを付けることが多いようです。英語は、日々変化しているわけです。

英語のコツ❶

I（私）を大文字にすることで、
ハッキリと自己主張する

🖉 なぜ、I（私）は大文字なのか

　なぜIだけ大文字なのか、ずっと不思議に思っていた人は多いのではないでしょうか。

　答えはシンプル。見やすいし目立つからです。小文字にすると、目立ちません。Iと大文字にすると、「私」という存在がハッキリします。言われてみれば、英語圏の人は自己主張が激しいですよね。

　Iと大文字にすると、ちょっと偉そうに見えます。おそらく、**多民族が混在している大陸の文化では、「私」という自己を主張しなければ、生き残れなかった**のではないでしょうか。

　ただ、「Iだけ大文字にするのは自己中心的な発想では？」と考える人もいます。

　ミュージシャンのプリンスは、二人称のyouも、Iと同様に扱われるべきだと主張し、歌詞などでyouの代わりに大文字のUを用いています。また逆に、作家や詩人の中には、iと小文字を使う人もいます。

🖊 英語では、人間はみな平等

英語は誰にでも「I – You」ということも頭に入れておきましょう。

私＆あなたは、英語では常に「I – You」。相手が、親友でも、社長でも、子どもでも、先生でも、すべてYouで表します。

その背景には、**「人間はすべて平等な存在」**という考え方があります。

それに対し日本語は、相手の立場や年齢、肩書きによって「あたし、オレ、わたくし、ぼく……」＆「あなた、おまえ、キミ、そちらさま……」とこまめに使い分けます。

また日本語では自分のことを「ママはね、先生はね、オジサンはね……」と、肩書や役割で呼ぶこともあります。状況と場面によって、呼び方が百変化するわけです。日本人は、自分を横におき、場の空気を読んで「役割を演じる」のが習慣になっているのです。

英語を使う場合は、この「自分を横におく」「役割を演じる」習慣は邪魔になります。

相手が誰であれ、「I – You」なんだとわかれば、相手が偉そうに言っているわけではないということも理解できるでしょう。

英語のコツ❶

英語では、「雨が降る」の主語もハッキリさせる

🖉 「人間が主体」の英語

「6月には雨がたくさん降ります」と英語で言いたいとき、日本人なら、There isがパッと浮かぶのではないでしょうか。ところが、一般的な表現は次のとおりです。

> ① We have much rain in June.
> ② It rains much in June.

主語がなぜWeとItなのでしょうか？
①のWeは、みんなが漠然と感じている天気、気温、時間、明るさ・暗さ、ニュースなどを表現するときに使う主語です。

これは**英語の基本的な傾向で、「人間が主体」**と考えます。ですから、この「私たちは雨を持つ」という表現がぴったり当てはまります。
日本語なら「雨が多いよね」と主体をハッキリさせず、状況を説明するような言い方が好まれると思います。

日本語は、主体をあいまいに、英語では主体をハッキリさせるということです。

🖉 主語をハッキリできない場合は It を使う

次に It を見ていきましょう。

It は、天気、温度、距離、時刻など「適当な主語がないので、とりあえず」というときに使うと、文法書には書かれています。何を主語にしたらいいかわからない場合でも、主語を省略することは、英語では NG なのです。

そこで、「雨」を降らせているのはだれなのかを考えてみましょう。

動詞 rain は「雨を降らせる」という意味です。もしも雨の神さまが男なら He rains となるし、女神なら She rains となります。ギリシア神話の神々のように雨の神様が複数いれば、They rain となります。

ここからはぼくの推論ですが、大昔の英語の使い手たちは、この雨を降らせる正体がわからなかった。だから主語が It になったのではないでしょうか？

英語では雨を降らせる主体が人間でない以上、とりあえず It をもってくるしかなかったと考えられます。

It は短くて発音も軽く、重大な意味を持つことはほとんどないので、形だけの主語にぴったりですね。

英語のコツ❶

まず、
結論をハッキリさせること

🖉 まず、結論ありきの英語構文

中学で英語を習い始めたとき、It is...to や It...that 構文が出てきて、「It の内容は to 以下」とか「that のうしろの内容」などと習ったと思います。

「変な文章だなぁ」と思いませんでしたか？ たとえば「テニスをするのは楽しい」の英文は、次のとおり。

> ① **Playing tennis is fun.**
> ② **It is fun to play tennis.**

①の文のほうが、日本人にとってわかりやすいですよね。これも間違いではないので、相手に伝わります。

でも、ネイティブは②の文を好みます。その理由は、**最初に結論をハッキリさせたいから**です。「楽しい」ということを先に言いたいわけですね。

まず、**結論ありき**。これが英語の特徴です。

> **The point is...**（大事な点は……）
> **The problem is...**（問題は……）

> **The danger is...**（危険なのは……）

などの言い方も同類です。
もうひとつ例文を挙げましょう。

> **I don't think he is innocent.**（彼が無実だとは思いません）

日本語なら、「彼が無実だとは思いません」と最後まで文章を聞かないと判断できない場合が多いですが、英語は、最初に「私は思いません」という結論を述べてから、何についてのことかが追加されます。

英語はストレート

日本人はよく、来日した外国人に「なぜ日本に来たのですか？」と質問しますね。

> ① **Why did you come to Japan?**
> ② **What brought you here?**

①の例文は、とても日本人的な言い方です。ネイティブが好む言い方は②の例文です。「何が連れてきたのか、あなたをここへ」と、ストレートです。

日本人には「何が連れてきたのか？」という表現に違和感がありますが、「結論を先」に知りたいネイティブにとっては、当たり前の表現です。

英語のコツ❶

　露骨な表現になるのは、結論をハッキリさせたいからなのです。

🖉 日本のビジネス・シーンでも結論が先

　英語のこうした「まず結論」というクセは、文が集まった段落（パラグラフ・paragraph）の場合でも同じです。

　長文の場合も、パラグラフの頭にくる文章が、その段落の結論になっています。「まず、結論」を述べた、パラグラフの第一文は、主題文＝topic sentenceと呼ばれます。

　そして結論とテーマについての詳しい説明や解説、理由づけが、段落のその後に続いているのです。

　日本語でも、ビジネス・シーンでは、グローバル化の影響か、上司への報告も、取引先への説明も、結論を先に言うこと、まず重要ポイントを述べることが、一般的になってきました。

　最初に、「お伝えしたいことは２点あります」「この商品のメリットは三つあります。ひとつ目は……」としたほうが、聞き手にははるかにわかりやすいです。

　わかりやすさを優先するなら、英語、日本語とも「まず、結論」を述べるべきでしょう。ビジネス・シーンでも、学校の発表でも、説明会でも、まず、結論ありきなのです。

Column 1 1・2・3語の表現①

英会話で役立つ短いフレーズを集めました。どれも日常的に
使うフレーズばかりですので、気軽に使ってみてください。

By the way.
ところで。

Count me in.
私も入れて。

Go ahead.
お先にどうぞ。やってみて。

Have a seat.
お先におかけください。

It's a deal!
決まりだね!

It works.
効いた。うまくいった。

It doesn't work.
うまく作動しない(エアコンが動かない、トイレが流れない、など)。

I hope so.
そうだといいな。

I get it.
わかった。

Keep going.
そのまま、そのまま。がんばれ。

Me, too.
私も。同感。

英語のコツ❶

なんでも持ちたい英語、
持つことにこだわらない日本語

🖉 haveを使った表現が多い理由

　日本人には執着を「みっともない」と感じ、潔さに美学を見出す歴史があります。一方で、大陸の歴史は、領土や財宝の奪い合いの歴史と言って過言ではないでしょう。自分たちの領土と財産を増やすために、戦争を繰り返してきました。

　そのため、**大陸に住む多くの民族は、自分の持ち物に固執する傾向にあります。**そのせいか、英語には、「have（持つ、保持する）」を使う表現が多いのです。自分のものであることをハッキリさせたいのですね。

🖉 haveを使った表現が英語上達のカギ

　しょっちゅう出てくる、haveを使った表現をたくさん覚えることが、英語上達のひとつのカギになります。**「何でもhaveで言えるかも！」**と思ってみましょう！

　たとえば兄弟についても、haveを使って表現します。

> **I have three brothers.**（兄弟を三人持っています）

日本語は、「兄弟が三人います」と「持つ」ことにとらわれていない言い方をします。

　むしろ「所有」が前に出る言い方はとても少ないです。

haveを使った例文をいくつか挙げます。

> **Do you have a minute?**（少々お時間をいただけますか？）
> **I have good news for you.**（よいお知らせがあります）
> **I have a cold.**（風邪をひいた）
> **Have a nice day.**（よい一日を）
> **Have a seat.**（おかけください）
> **May I have some water?**（お水を少々いただけますか？）
> **What would you like to have?**（何を召しあがりますか？）
> **I have something to say.**（申し上げたいことがあります）
> **May I have your attention, please?**
> （ご案内いたしましょうか？）

　I have studied... などの**現在完了形**も、考えてみれば**「過去のこと、過去にしたこと、あるいはかつての動きを現在も持っている」**と言うことができます。

　過去から現在まで引きずっている感覚が、現在完了形の「キモ」なのだと思います。

英語のコツ❶

英語は「ドライ」で「フェア」、
日本語は「ウエット」で「まわりくどい」

🖉 英語には感謝の気持ちがない?

村社会で発達してきた日本語は、身分や年齢の上下関係、恩の「売り買い」をさまざまな形でしのばせる、ウエットな言語です。

たとえば「小林先生に、英語を教えてもらいました」という言葉には、先生への感謝の気持ちや、敬う気持ちが込められています。

それが英語になると、どうなるでしょうか。

Ms. Kobayashi taught me English.
(小林先生は私に英語を教えた)

単純に「誰が誰に何を」と説明する表現になります。そっけないと言えば、そっけない言い方です。特に感謝や尊敬の気持ちは、この文には込められていません。**事実関係だけを述べています。**

また「お借りした本を読ませていただきました」のように、貸してくれた相手を立て、自分はへりくだるような立場や目線の「上げ下げ」も英語にはなく、単に

> **I've read your book.**（あなたの本を読みました）

と事実だけを伝えます。

日本人が好む「ご縁」という発想も英語圏にはないので、「せっかくですから」「これも何かのご縁ですから」という言葉も存在しません。

あえて英語で言うのであれば、「会えてハッピーなので、この機会を生かして」とか「出会ったついでに」という言い回しになります。

🖉 英語はフェアな言語

だからと言って、「英語は思いやりのない言葉」とか「英語圏の人は冷たい」ということではまったくありません。

人種も文化もまったく違う人たちが集まり、戦い、流動してきた大陸の文化では、**「伝えたいことはハッキリとストレートに伝えないと、相手にわかってもらえない」**という意識が強くあるだけです。

誰とでも敬語を気にせず、I‐Youで話せるということは、考えようではフェアな言語でもあります。

ですから、英語で話すときは、立場を気にせずもっと気軽に話せばいいということですね。

英語のコツ❶

日本語だけではない。
英語にもていねい語はある

🖉 Could you...? で、ていねいにお願いする

　英語には敬語がないと思っている人も多いと思います。たしかに、どちらかを立てる尊敬語や謙譲語はありませんが、ていねい語はあります。

　正確に言えば、**「ていねいな言い方」がある**ということです。日本であってもアメリカであっても、相手のことを気遣うのは、人として当然ですね。

　英語圏でビジネスをしたり、就職活動をするなら、ていねいな言い方はぜひ身につけておきたいところです。

　ていねいな言い方に欠かせないのが、**would**と**could**です。wouldとcouldで、ていねい語のほとんどをカバーできてしまいます。

> Would you mind sending me the ticket?
> Could you send me the ticket?

　どちらも「例のチケットを送っていただけますか？」の意味です。しかし、**Would you mind...ing?（〜するの**

が嫌ですか？）よりも、Could you...?（もし可能ならば、〜できますか？）のほうがていねいな表現になります。

このCouldは「もしご都合がよければ」「ご迷惑でなければ」というニュアンスを含んでいます。日本人の皮膚感覚に近いとても表現ですね。**ていねいな言い方をしたいな、と思ったら、Could you...?**と覚えておきましょう。

また、答え方もwouldを使えば、ていねいになります。たとえば「飲み物は何にしますか？」と聞かれたときは、次のように答えましょう。

> **Coffee would be fine.**
> （コーヒーをお願いできるとうれしいです）

どんな立場の人にもていねいな言い方を

アメリカ人の管理職など、ボスの立場の人は、could、wouldをまめに使い、部下にていねいな言い方で指示を出す人が多いようです。

これは敬意を払うというよりも、「部下とある程度、距離をおいて、仕事をスムーズに進めよう」という知恵だと思います。

日本語の敬語も、必ずしも「尊敬する相手だから、敬語を使う」というわけではないですね。むしろ「相手と精神的な距離を置きたい」という思いが強いのではないでしょうか。

ホンネを言えば、目上の人を「へたにお近づきになると

英語のコツ❶

ややこしくなりそうだから、最上級のていねい語を使って近づきがたい存在にする」のかもしれません。

見知らぬ人に対する敬語やていねい語も、**「どういう人かよくわからないから、とりあえず距離を置きたい」というニーズから発達した**のかもしれません。

また年齢に関係なく、尊敬すべき相手やお客様など、敬意を示すべき相手に対しては、女性には Madam = ma'am（発音はメーム）、男性には sir を使います。Yes, sir. のサァーです。

映画「ホームアローン２」で、親とはぐれたケビン君が、ニューヨークの空港内の航空会社のカウンターで、Where am I? と訊きました。

それに対して、カウンター係の女性は、ていねいに応えていました。

> **New York, sir.** （ニューヨークでございます）

子どもであってもお客様なので、敬うべき相手として sir を使ったのですね。

Column 2 ていねいな英語表現

人にお願いしたり、何かをしてもらうときは、相手に対してていねいな表現をします。英語のていねい表現を身につけておきましょう。

● Would you mind を使ったていねい表現

Would you mind ～ing? は「～は嫌ですか?」という意味。この～には動詞+ing（動名詞）が必ず入ります。これは your ～ing の意味で、「あなたが～することは、嫌ではないですか?」という意味になります。ですから、相手が「No」と言ったら「いいですよ」の意味。「Yes」なら「ダメです」になるので注意が必要です。

Would you mind opening the window?
窓を開けるのは嫌ですか?

● Could を使ったていねい表現

Could you..., please? で「～してくださいませんか?」というていねいな言い方になります。お願いするときに欠かせない表現です。

Could you call a taxi for me, please?
タクシー呼んでもらえませんか?

● May I を使ったていねい表現

May I have +A ? は、「Aをいただけますか?」という許可を求めるていねい表現です。

May I have your name?
お名前をいただけますか?

英語のコツ❶

古池に、蛙が何匹
飛び込んだか気になる英語

🖋 古池に、蛙は何匹飛び込んだのか

芭蕉の名句に、「古池や蛙（かわず）飛び込む水の音」があります。これを英語に訳すとどうなるでしょうか。

この句は、明治31（1898）年に、ラフカディオ・ハーン（小泉八雲）が「蛙」というエッセーの中で英訳し英語俳句の先駆けとなった作品です。

> **Old pond - frogs jumped in - sound of water.**

八雲訳では、蛙が複数形になっています。どうやら、冬眠から目覚めた蛙たちがポチャンポチャンと元気に池にダイビングしていく様子をイメージしたようです。

静謐なわび・さびの世界が、コミックワールドに一変していますね。

この俳句には100以上の英訳があり、びっくりマーク（英語では exclamation mark/point と言う）を付けているものあり、俳句の中で水しぶきが表現されているものあり、なかなかにぎやかです。

📝 文化によって、ハッキリさせるものが違う

　外国人にとっては、「どのくらいの大きさの池なのか」「誰が音を聞いているのか」「蛙は一匹か複数か」「どこからダイブしているのか」「なぜこの句が傑作なのか」と、謎だらけのようです。

　そもそもこの句を読んで、「蛙は何匹だろう？」と思う日本人はいるでしょうか？

　一匹でも数匹でもたくさんいても、「数」という点には、あまり関心が向かないのではないでしょうか？　日本語は英語ほど、数の概念にこだわらない言語です。

　数えるとなると、鳥は一羽、本は一冊、お墓は一基と、いちいち助数詞を変えて表現します。外国人は、日本語の「モノの数え方」にとても苦労するようです。英語ならa bird/one bookとすればすみますからね。

　言語によって、モノの捉え方、関心の向け方が違うので、英語のルールやクセを覚えなければいけないわけです。

　言語ごとに、何をハッキリさせるかは違います。

　日本語でも、たとえば、東北地方では「雨」や「雪」の種類を詳しく分けたりします。それぞれの文化圏で、生活の中で必要性の高いものに関心が向くのです。

英語のコツ❶

言葉では伝えきれない日本語、
言葉通りにしか伝わらない英語

🖉 なぜ、「夫に死なれた」は英語にできないのか

日本人が日本語で話す場合、傾向として「相手はわかってくれる、わかって当然だ」と思っていることがよくあるのではないでしょうか。

多くを語らずともわかり合える……。それが理想の形だと。

不立文字とか以心伝心とか、言葉では言い表せないものがあるとか、言葉を使わずして伝えるという思想を持っています。**「一を聞いて、十を知る」的発想**です。

たとえば、日本語で「夫に死なれた」と言った場合、その言葉の裏には「夫が死んでしまって寂しい」「これから苦労が続く」などといった意味が隠れています。

でも、英語では、

My husband died three years ago. (三年前に夫が死んだ)

味もそっけもない言い方をします。その後に、So, I miss him. とでも続かない限り、「寂しい」というニュアン

スは伝わりません。

📝 言いたいことはハッキリと言う

英語は、**「一から十まで説明する」**言語です。

英語を使うときは、相手に「言わなくてもわかってもらえる」「言葉にできない思いが伝わっている」と思ってはいけません。寂しいなら寂しい、うれしいならうれしいとハッキリと伝える必要があります。

「相手はまったくわかっていない、だからわからせてやる」「言葉を駆使して説得しよう」「十を言わないと十は伝わらない」という心構えを持つことが大切でしょう。

逆に言えば、**英語は言葉どおりに受け取ればいい**ということです。「冷たい」とか「そっけない」とか「嫌われている」などと気をまわすのはナンセンスです。

📝 暗黙の了解が成立しない英語

前にお話したように、英語は主体（誰がするのか）も客体（何をするのか、誰にするのか）も明確です。

一方、日本は似たものどうしの文化ですから、多くを語らなくても意味は通じます。

東日本大震災を受けて、「がんばろう日本、がんばろう東北」というキャッチコピーが生まれました。

英語のコツ❶

　そこには、「何をがんばるのか」という客体は書かれていません。でも、みな何となく「未曾有の大震災に負けず、必ず復興を成し遂げよう」といった意味だとわかっています。

　それが悪いとか良いとかいうことではなく、みんなが空気を読み、みんなの思いを察している。この文化に慣れてしまうと、ラクと言えばラクですね。

　でも、特にアメリカのように多人種、多文化の国に暗黙の了解はありえません。言葉にしなくても空気を読んでくれるということはないのです。

　むしろ、言わなければ、わからないとみんなが思っています。英語にも、Speech is silver, silence is gold.（雄弁は銀、沈黙は金）と熟考を尊ぶことわざがあります。

　しかし、英語を使うときは Silence is silver, speech is gold.（沈黙は銀、雄弁は金）と心得ましょう。

Column 3 道を聞かれたとき

日本にいて英語で話しかけられるとき、その多くは道を聞かれる場合です。これだけ知っておけば、怖いものはありません。

● 街中で聞かれた場合

go straight on, walk along
まっすぐ行く

the second intersection（英 crossroads）
2つ目の交差点

turn right (left)
右(左)に曲がる

on your right (left)
右手に(左手に)

You will see…
〜が見える

● 駅で聞かれた場合

change trains
乗り換える

take the subway（英 underground or tube）
地下鉄に乗る

Go to Shibuya and change to the Yamanote Line.
渋谷に行って、山手線に乗り変えてください。

get off at Shinjuku
新宿で降りる

英語のコツ❶

マッチョと武士道の精神が、英語上達のポイント

🖉 男は泣けないアメリカン武士道

悲しくて胸がはりさけそうでも、何事もない顔をして歯を食いしばって耐える。これは、日本古来の武士道スピリッツです。

でも、現代の日本の男性は、園児から首相まで、人目もはばからずよく泣きます。結婚披露宴でも、花婿はボロボロ男泣きするのに、花嫁はケロッとしていたりします。

一方アメリカでは、今も男性が泣くのは「sissy（意気地なし）、loser（負け犬）」の証明。女性ならまだしも、**「男性が泣くなんて大恥」という社会通念が強い**のです。

小さい男の子が転んでケガをした場合でも、母親は次のように、厳しくしつけます。

> **Boys/ Men don't cry.**（男の子は泣かないの）

ハリウッド映画のヒーローがメソメソ泣いているシーンなど、ほとんど見かけないですよね。泣く男は「弱虫、いくじなし」であり、ヒーローの理想像とはかけ離れている

のです。

　また、アメリカの多くのアクション映画やパニック映画で、男は体を張って、命を投げ出してがんばっています。

🖉 英語はマッチョな言葉

　アメリカ人男性は、**心身ともにマッチョであること**を求められます。家事・育児にも全面的にかかわり、日曜大工くらいはできないと奥さんに捨てられます。ぼく自身、日本人でよかったです！？

　アメリカ人は、男性だけでなく女性もタフな人が多いように感じます。日本人の女性よりもきっちり主張する人が多く、あまりメソメソしていないようにも感じます。

　これは、言葉にも表れています。
　英語を話す外国人に、なんとなく見下されているように感じるのも、そのせいでしょう。
　英語は日本語に比べてマッチョな言語と言えるかもしれません。

　そのことを理解できると、日本語を話すときに比べて、**英語で話すときはかなり強気でいることが大事**だとわかります。
　アクセントや語句を強める。もごもごした言い方ではなく、ハッキリと言う。
　一段階テンションを上げて英語に臨むといいでしょう。

Column 4 1・2・3語の表現②

日常的に使える短いフレーズ第二弾です。
実際に声を出して練習してみましょう。

No way.
まさか。ありえない。

Pardon?
は？　何か？　もう一度言ってもらえますか？

Really?
ウッソー。え、ホントに？

That's true.
言えてる。確かに。ホントだ。

You did it.
やったね。

You know what?
ねえねえ知ってる？

You are kidding.
冗談でしょう。またまた…。

Way to go!
いいね、いいね～！　その調子！

What of it?
それが？　だからどうした？

That makes sense.
なるほど。理にかなっている。当然だ。これでいい。

Any luck?
いいことあった？　いいもの見つかった？　もうかっている？　うまくいった？

英語のコツ❷

英語学習は、
気軽に楽しむ

英語のコツ❷

二人の「世界のホンダ」から学ぶ
自分の意思を英語で伝えるコツ

🖉 大人の英会話で大事なのは人間力

　2011年のサッカーアジア杯で日本チームを優勝に導き、MVPに選ばれた本田圭佑選手。彼が日本人の英語コンプレックスを変えようとしています。

　本田選手の英語は当初、「へたくそな中学英語」「イントネーションがカンペキに大阪弁」「発音もカタカナ読み」「ホングリッシュ」など、言われ放題でした。

　しかし、彼のポリシーは一貫して「世界を舞台に活躍したい」「気持ちは直接伝えたい」「海外メディアの取材にも、外国人選手との会話も、通訳はいらない」。

　中学英語を使い回してよくしゃべり、強気で夢を語り、英語でオランダのチームに溶け込んで、2年目にはキャプテンを任されました（現在はロシアのチームに所属）。

　もちろんキャプテンを任されたのは、監督から、「チーム内でコミュニケーションとリーダーシップがとれる」と認められたからです。

　本田選手は、大好きで得意なサッカーを突破口として、英語力も、人間の幅も大きく成長させていきました。

大人のコミュニケーションで大事なのは、完璧な英語よりもまず、人から認められる人間的魅力なのではないでしょうか。英語は少々間違っていても大丈夫。本田選手は、そんな当たり前の原点を思い出させてくれました。

✏ 本田圭佑選手から学ぶ「英語マインド」

本田選手から学べる英語上達法は**「自分の価値観で生き、他人の眼を気にしすぎない」**こと。

自戒を込めて言えば、日本人の英語教師には、同僚の前で英語を使いたがらない傾向が少なからずあります。発音や文法のミスを指摘されたくない……。

他人の評価が気になるんですね。欧米人に話しかけられると、多くの人が「心臓バクバク、頭の中まっ白」になるのも、「恥をかきたくない」気持ちが強いからではないでしょうか。

本田選手の「間違ってナンボ」の精神に学びましょう!

英語圏で尊重されるのは、Be yourself!(自分自身たれ!)誰かのモノマネや二番煎じではなく、自分らしくいるという精神です。

日本語で言う「世間体」という概念は、英語にはありません。空気を読む文化は日本人の美徳ですが、英語圏の文化は、まず自分ありきです。

英語を学ぶうえでも、「自分はこうしたい」という意志を常に明確にすることが、上達の原動力になります。

英語のコツ❷

🖉 本田宗一郎氏に学ぶ「語学力を超える国際力」

　外国語はサンキューくらいしか話せなくても、世界中の誰とでも、一瞬で打ちとけてファンにする。故・本田宗一郎氏（本田技研創業者）は、**言葉の壁を超える達人**でした。

　たとえば、本田宗一郎氏が画家シャガールの家を訪れたときのこと。当時94歳の巨匠は「いい構想が沸いた」と、いそいそとアトリエにこもってしまい、本田氏は初対面の夫人と取り残されました。

　気まずい沈黙が流れる場面で、本田氏はどうしたか。シャガールから贈られた絵筆を手に取り、巨匠がうれしそうにアトリエに入った様子を「ものまね」したのです。衰えを知らない創作魂への敬愛を込めて。表情もしぐさもそっくりだったこともあり、夫人は大喜びして、たちまち意気投合したと言います。

　またトイレが汲み取り式だった時代、外国人のお客さんが入れ歯を落とすと、本田氏は糞尿の中から入れ歯を拾い上げて洗い、自分の口でくわえて踊ったという伝説も残っています。

　人の思いを一瞬でとらえ、同じ目線に立てる共感力。捨て身のサービス精神。ユーモアと茶目っ気。圧倒的な人間力です。

🖉 失敗をしないと英語はうまくならない

　本田宗一郎氏の口グセは「日本一でなく世界一を目指す」「絶対に人のマネをしない」「やりたいことをやれ」「日本人は失敗を恐れすぎる。どだい、失敗を恐れて何もしないなんて人間は、最低なのである」。

　暴れん坊で、社員をゲンコツでなぐったり、税務署員にホースで水をぶっかけたりしながら、誰からも「オヤジさん」と深く慕われました。元副社長の藤沢武夫氏いわく「社長は理詰めではダメ。むしろ欠点が必要です。付き合っていて自分が勝ちだと思ったとき、人は相手に親近感を持つ。欠点があるから 魅力があるんです」。

　サッカー選手とホンダの創業者。「二人の本田」はジャンルも背景も世代もまったく違うのに、よく、似ています。**世界に打って出る志の強さ、世間体や失敗をものともしないチャレンジ精神、とてつもないパッションと人間臭さ。**

> **Anyone who has never made a mistake has never tried anything new.**
> （これまで、一度も失敗をしたことがない人は、新たなことに挑戦したことが一度もない人である）

　これは、かのアインシュタインの有名な言葉です。何かをやろうとすれば、失敗はつきものなのです。

英語のコツ❷

マッチポンプ式で
正確な英語を導き出す

🖋 開き直れば、英語は怖くない

　イーデス・ハンソンさんの著書『カタコト英語で十分です』（新版・晶文社）は、40年にもわたるロングセラー。

　関西弁と東京弁を独学でマスターした体験から、ラクに英語が上達する方法を説いています。大まかな内容は、次のとおり。

・ペラペラ話す必要はまったくない。身ぶり手ぶりを総動員して**カタコト英語で十分**
・はじめから「正確に、正しく文法を守って」なんてかまえると、逆にしゃべれなくなる。要は、**通じればいい**
・「この言い方は間違っているかも」と思っても**しゃべる**
・恥ずかしがらないで、**声を出して練習をする**
・カッコいい欧米人は映画だけ。**妙な劣等感はすぐ捨てる**
・しゃべるときは、心臓を強く、**堂々とした態度で**

　要は、開き直ること──。本田圭佑選手は、まるでこの本を読んでいたように堂々と、カタコト英語で世界に進出したわけです。

📝 覚えた英語は、すぐに他で使う

英語だけではなく日本語も、誰もが間違えながら覚えてきたはずです。わが息子は、ウルトラマンの隊員たちの「応答願います」を「強盗願います」と、「羽交い締め」を「破壊締め」と言っていました。

誰しもこのような間違い、勘違いをしながら、むしろ間違えるからこそ、しっかり言葉を覚えていくんです。

ハンソンさんがはじめて来日したとき、日本語のボキャブラリーはあいさつと「これをください」「これは何ですか？」「これはいくらですか？」くらいだったのに、半年後には流暢に話していたそうです。

上達の秘訣はマッチポンプ式。鉛筆を買いに行って「これください」と言うと、お店の人は「ああ、鉛筆１本ですね」と言ってくれるので、「鉛筆」「１本」を覚える。

本屋で「この本１本ください」と間違って使っても、「はい、１冊ね」と、必ず正確な言い方を返してくれます。そのことで、今度は「１冊」を覚えるのです。

一回覚えたことを、すぐ他のところで、勇気を持って使う。それが言葉を覚える秘訣だそうです。

「日本人は、これだけしか外国語を知らないから恥ずかしいと言って、遠慮しすぎです。**外国人ではないのですから、下手で当たり前**。何も恥ずかしがることはないのです」。ハンソンさんの値千金のアドバイスです。

英語のコツ❷

自分の目的に合った英語力を、身につける

✎ 本当の「英語力」とは何か

留学すれば英語がマスターできる。あるいは留学しなければ英語力がつかない。そう考えている人は多いですね。

アメリカやオーストラリアに長期滞在している留学生は、よどみなく英語をしゃべります。人によってはスラングなども器用に繰って、まるで現地の人のようにペラペラです。

ところが、社会人としての英語やアカデミックな英語は、からきしダメだったりします。

TOEIC900点を取るような人でも、実際の仕事の現場でよどみなく会話ができるかどうかは、また別の問題です。

サッカーゲームでいくらうまくプレーができても、実際のサッカーがうまいとは言えないのと同じです。

ここに、「本当の英語力とは何か」という問題が浮上します。

たとえば、英語検定2級を持っていると言うと、すぐに「ペラペラなの？」という質問をする人がいますが、「ペラペラ」とは流暢にしゃべれるということなのでしょうか？

いくら一人でペラペラしゃべれても、相手の言っていることを聞き取り、相手が望むことに対応できなければ、コミュニケーションが成立しません。

ホームパーティーに招かれて、ピザを手にしたホストに「ウォナピー？」と言われたとき、チンプンカンプンでは応えようがありません。

> **Wannna piece? = Do you want a piece of pizza?**
> （ピザを一切れ食べる？）

ホームパーティーで必要なのは、コミュニケーションがとれる英語力です。

🖉 本当の英語力とは、自分の夢や目標をかなえる手段

本物の英語力とは、英語の総合力かもしれませんが、**大人にとって大切な本当の英語力は、自分が達成したい夢や目標をかなえるための具体的な力、使える力**です。

人によって、その具体的な力は違ってきます。サッカーの本田圭佑選手にとっての「本当の英語力」と、外資系の企業で仕事をする人にとっての「本当の英語力」は、違って当たり前なのです。

英語のコツ❷

🖋 英語学習で大事な勉強時間

　最近「英語コミュニケーション能力の向上」が盛んに叫ばれています。高校の中には、発音や会話といったもの以上に、「英語の文献を読みこなせる力」を重要視しているところもあります。相手のメッセージを正確に受け止め、きちんと返答できる力を見直そうということです。

　これまでのオーラル・イングリッシュに傾きすぎた英語学習を反省し、英文法、英語構文、長文読解を再認識する。英文をすべて日本語に翻訳して読み解く「訳読式」の授業を見直そうという動きが、一部で起きています。

　英語力に関して、もうひとつ重要なのは**「勉強時間（英語を使う時間）」**です。英語は使わないと力がどんどん落ちてしまうからです。
　ぼくの教え子に、アメリカに一年間留学して、TOEICも900点以上取った学生がいました。ところが、帰国して英語を使う時間や機会が少なくなると、半年後にはかなり英語力が落ちてしまっていました。

　言葉は、使ってナンボです。自分の目的に向かって、どんどん使わないと勉強した意味がなくなってしまいます。

Column 5 感じのいいフレーズ

英語で感情を表すとき、言いにくいことを言うときに役立つ、
相手の心に寄り添う表現、感じのいい表現。

● 喜びを表現するフレーズ

You don't know how happy...
こんなにうれしいことはありません。

How wonderful!
なんてすばらしいのかしら!

● 感謝を伝えるフレーズ

I really appreciate that.
心から感謝申し上げます。

● あやまるときのフレーズ

I hope you can accept my apology.
どうぞお赦しくださいませ。

● お悔やみを申し上げるフレーズ

What a nightmare!
災難でしたね!(元は「なんという悪夢か」という意味)

● 断るときのフレーズ

I'm afraid I can't.
すみませんが、無理だと思います。

● 言いにくいこと言うときのフレーズ

I was wondering,...
ちょっと思ったのですが……。

英語のコツ❷

英語ができる人の共通点、
英語ができない人の共通点

🖉 英語ができる人はアウトプットが得意

今までたくさんの学生に英語を教えてきてわかった、「英語が勉強で終わる人と、使えるようになる人」の違い……。

それはあっけにとられるほどシンプル。**「学んだことを、どれだけアウトプットするか」**です。スポーツがうまくなる原理、ピアノがうまく弾けるようになる理屈と、まったく同じです。

野球のバッティングがうまくなりたいなら、バットを多く振り、ボールを芯で捕える練習をするしかありません。うまく打つ方法論をいくら読んでも、バットを毎日振る人にはまったくかないません。

ピアノが弾けるようになりたいのに、ピアノの歴史や音楽理論の本ばかり読んで、鍵盤の上に指を這わせたことがない。これではいつまでたっても弾けるわけがありません。歴史や理論の勉強も大事ですが、「ピアノを弾けるようになるには、ピアノを実際に使って、ピアノで練習するしかない」のです。

ここがポイントです。とても簡単なことです。実際にやるかどうか、なのです！

🖉 英語は使わないと上達しない

英語が苦手な人は、「恥をかきたくない」「難しい単語を使いたがる」「文法の細部を気にする」など、自分のこだわりにとらわれてアウトプットしたがらない、という共通点があるようです。

しかし語学は「使って、伝わってナンボ」です。刺身包丁をピカピカに磨いて飾っておくのでなく、万能包丁で魚も肉も野菜もえり好みせず、千切りもぶつ切りもこなす感覚で、実際に「使ってみる」ことです。

時制がメチャクチャで、三人称のsが付いていなくとも、「モアグッド」などと口走っても、発音が残念でもいい。**まずは「ネイティブじゃないんだから間違って当たり前」と、とにかく口に出してみることです。**

香港やシンガポール、インドなどに遊びに行ったとき、あるいはテレビでも、現地の人が、あきれるほどブロークンで、発音もメチャメチャな英語を平気で使っている光景をよく見かけます。

日本人としては「こんな英語でいいの?」と思ってしまいますが、それでコミュニケーションは成立しています。

英語はアウトプットが大事。そのためには、間違うことを恥ずかしがらず、使い続けることです。

英語のコツ❷

英語を使う人の8割は
非ネイティブ

🖉 意外に少ない英語ネイティブ

　日本には「英語が話せない」ことや「発音がなっていないこと」をコンプレックスにしている人がたくさんいます。

　自分の英語を「カタカナ英語」や「ジャパリッシュ」と揶揄されると、へこんでしまいますよね。

　しかし、全世界で英語を話す総人口は約20億人。そのうち、英語を第一言語にするネイティブ・スピーカーは、たった4億人。2割しかいません。60数億人の世界人口から見たら、6パーセント以下です。

　逆に言えば、**英語を使う人の8割は「非ネイティブ」なのです。**

　さらに、非ネイティブ・スピーカーの9割は、文法も発音もブロークンです。それでも、みんなおかまいなしに話して、コミュニケーションを取っています。

　英語を第二言語、もしくは海外での共通語として使っている国は日本の他、中国、韓国、その他の東南アジア諸国、インド、フランス、ドイツ、オランダ、イタリア、ロシア、南米諸国……と、非常に多いですよね。

つまり、私たちが英語を使う場合、相手はネイティブでない確率のほうがずっと高いということです。

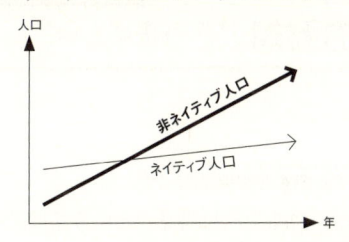

（グラフ：人口／年　非ネイティブ人口、ネイティブ人口）

🖉 非ネイティブ同士の英会話で大切なこと

　ビジネス・シーンでは、「日本人と中国人が英語で商談」などといった場面が多々あります。
　非ネイティブ同士の会話では、ペラペラ話せることより、**「わかってもらえる、わかり合える」ことがずっと大切**。
　グローバルな舞台で英語を使う人の大半は、私たち日本人と同じ非ネイティブ。英語を使う目的は、英語を話すことではなく、意思疎通をすること。「シンプルな英語」「わかりやすい英語」が一番です。

　言葉は、正確さやうまさより「伝わる」ことが大事。
　これからはアジアの時代ですから、プライベートでもビジネスでも、流暢な英語ではむしろ「伝わらない」「敬遠される」場面も多くなりそうです。
　ゆっくり、ハッキリ、簡単な英語を使ったほうが、仕事でも成功する可能性が高まるかもしれませんね。

英語のコツ❷

英語は、シンプルな
「数式的発想」でうまくいく

🖉 英語の考え方はシンプル

　国語は苦手、でも英語は得意だという話はよく聞きます。

　学校で国語ができなくても、英語は大丈夫。ジャンルは同じ言語でも、ほとんど別ものとして取り組めます。

　なぜなら、国語よりも英語のほうが簡単だから。まず、数千もの難しい漢字や熟語を覚えなくていい。それに英語では、ほとんどの結論が最初にくるので、「何を言いたいのか」がパッとわかります。

「言葉の裏に隠された心情を読み取る」といったようなややこしいことも考えなくてもいいし、やっかいな「敬語」も、英語はすごくシンプルです。

　英語は、算数の「数式」のように解いていける部分が多い。つまり、**A＝B、A→B、A←Bという数式的な発想でシンプルに考えればいい**のです。

🖉 英語の数式的な発想を理解する

　まずは、**A＝B（AはBである）**、もしくは**A≠B（AはBではない）**。

> **Time is money.**（時は金なり）
> **Time is not money.**（時間はお金で買うことはできない）
> **You are what you eat.**（あなたは食べたものとイコールである
> ⇒食べるものによって、人はつくられる）

　これは、いちばん簡単な英語の構造です。be動詞がイコールの役割を果たしています。

　次は、**A→B（AだからB）**。AがBに影響を与えているイメージですね。

> **I think. Therefore I am.**（我、思う。ゆえに、我あり）

　これは、デカルトの有名な言葉です。これをもじったIBMのキャッチコピーは、I think. Therefore IBM.（われ考える。ゆえにIBMを）。最後のamをBMに変えただけの、しゃれた広告です。

　最後に、**A←B（Aだろう。なぜならBだから）**。

> **I think she loves him because he is a very rich man.**（彼女は彼のことを愛していると思う。なぜなら、彼は大金持ちだから）

　Bの原因がAの結果を生み出しているイメージです。結論を先に言う、英語ならではの図式ですね。

英語のコツ❷

英英辞典を愛用すれば、英語の本質が身につく

🖉 英語のクセ、構造を学ぶ

その昔、ぼくが英検2級を取ったとき、たしか高校2年生のときだったと思いますが、中学校時代の英語の恩師から合格の記念にと英英辞典をもらいました。

それがうれしくて、しばらくの間、目にした英単語を片っ端から、なんでもかんでも引いて調べ、ノートに書き取っていました。

それによって**英語のクセ、英文の構造が知らないうちに頭に入り、「言い換える」ことの大切さや、「別の表現で言ってみる」習慣が身についた**ように思います。

たとえば「蜘蛛（spider）」を英英辞典で引いてみると、次のように書かれています。

> a small creature with eight legs that uses threads from its body to make a web[=a kind of net for catching other insects].(Longman Basic Dictionary of American English)

構造で言うと、まず「小さな生き物」と大枠でとらえ、続いて「八本の足を持った」と説明を加え、さらに「体からの糸を使って、クモの巣をつくる」と詳細な説明になるという基本を理解できます。さらには、webと言うと現在ではコンピュータ関連のものを連想するので、さらに細かく注意書きがなされ、「他の昆虫を捕まえるためのある種のネット」と述べられています。

　こうして**大⇒小、結論⇒理由といった英語の基本、英語のクセ**をつかめます。

　また「花」のような簡単な単語でも、英英辞典で調べると「植物の中の、種をつくる部分」「被子植物の生殖器官で、特に目立ったりカラフルな部分を持つもの」などと説明されています。

　英語で説明するのはなかなか難しいものです。「それじゃ、海はどうなるんだろう」……とやっているうちに、言い換える難しさとともに、言い換えのおもしろさも実感できます。

　こうして単語力や表現力、また英語表現のクセが身についていくのです。こうしたクセを身につけておけば、What is Shamoji?（しゃもじとは？）と質問されたときに、It is a big spoon to scoop cooked rice.（ごはんをすくいとる大きなさじ）と**大⇒小**で表現できるのです。

英語のコツ❷

✏️ 単語の「核」となる意味を学ぶ

　また英英辞典を引くと、**単語の「核」となる意味がわかります**。この「核」をつかむことが大切です。「核」となっている中心的意味を捉えることがポイントです。

　英英辞典と比べると、英和辞典にはあくまで代表的な意味、訳語が載っていることもわかってきます。

　英語の習い始めは「happy＝幸せな」という一語一義主義で、どんどん単語を増やすことも大切ですが、いつも「一単語にはひとつの訳語」では通用しません。

　ひとつ例を挙げましょう。Happy Birthdayはどうでしょう。「幸せな誕生日」で間違いではありませんが、おなじみの歌の歌詞は、「楽しい誕生日、すてきな誕生日、うれしい誕生日」、そして一般的には「誕生日おめでとう」です。

　そこでhappyを英英辞典で引くと、次のように説明されています。

> **Feeling or showing pleasure; pleased**
> （Oxford現代英英辞典）

　つまり、**「うれしさや楽しさを感じていること、楽しいという気持ち」**がhappyの中心的意味をなす「核」だとわかるわけです。

では、braveの訳はどうでしょうか。「勇気がある」と覚えている人も多いと思いますが、さっそく英英辞典を引いてみましょう。

> **willing to do things which are difficult, dangerous or painful; not afraid** (Oxford現代英英辞典)

「**難しいこと、危険なこと、苦痛を伴うことを自分から積極的に恐れずやる気持ち**」とあります。これがbraveの「核」の意味合いなのです。

簡単に言えば、ビビっていないということ。映画などで、落ち込んで気持ちが萎えたり、ビクついている人にBe brave!と声をかけるシーンをよくみかけます。

「勇気があるようになれ」では、日本語として奇妙ですね。「brave＝勇気がある」だけ覚えると、こうなります。

Be brave!は、日本語で言うと「しっかりして」「メゲないで」「へこたれるな」「気持ちをしっかり持つのよ」、さらに言えば、「毅然とした態度で」という意味合いになります。

実践的な英語の実力が身につく

あるテレビドラマでは、つらい体験をした娘に母親がYou're a brave little girl.と言っていました。

英語のコツ❷

　これも、「しっかりした子ね」「精神的に強い子ね」という意味です。「あなたは勇敢な一人の少女です」では、学校の試験では点数がもらえても、**意味を本当にわかっているとは言えない**ですよね。

　こうして英英辞典を引いて、単語を調べるほどに、英語の構造やパターンやクセがわかり、英語の核となっているもの、中心的意味、源のようなもの、あるいは英語文化の底流に流れている考え方のようなものも感じ取ることができます。
　最初は厚い、本格的な英英辞典ではないほうがいいでしょう。まずは、薄い、やさしい英英辞典を買って、例文や説明の仕方をできるだけ暗記してみてください。実力がつくこと間違いなしです。

Column 6 いかにも英語な日本語

英語だと思いこんで使っているカタカナ語。
ネイティブは、その「英語」知りません!

ビデオデッキ = VCR

レジ = checkout counter

レジ係 = cashier

リフォーム = remodeling

ピンセット = tweezers

フライドポテト = French fries

コンセント
壁にある差し込み口は **outlet**、そこに入れる電化製品のコードの先にあるのは **plug**。

リピーター
repeater は、警察で使えば「再犯者」、学校で使えば「再履修者」や「留年生」ということになります。日本語の「店に繰り返しきてくれるお客」の意味にはなりません。その意味であれば、**repeat customer**、**repeat guest** であり、遊園地などであれば **repeat visitor** になります。「いいお客さん」であれば、**good customer** で OK です。

英語のコツ❷

英語学習を無理なく続ける
工夫とアイデア

🖋 英語も毎日の水やりが肝心

スポーツも音楽も「練習を1日休むと3日前の状態に戻る」とよく言われます。英語もとにかく**「毎日、少しずつでも続ける」**ことが大事。

しかし、続けられないからみんな苦労するんですよね。「1日○○は必ずやろう」では挫折するので、「せざるをえない動機」や「決められた時間」をつくることです。

ニンテンドーDS用のTOEIC英語ソフトは、DSの中で花が育っていて、連続5日、練習問題をやると花が咲きます。勉強しないと枯れてしまうから「毎日やらないと……」。子どもだましみたいな仕掛けが、なかなか好評です。

ぼく自身は中学校時代、母親からNHKラジオの「基礎英語」を毎日聞けと言われていました。眠い目をこすりながら、毎朝15分ほど聞いて過ごしました。「続基礎英語」も含め、とにもかくにも中学時代の3年間、少なくともラジオ講座を聞き続けました。

どれだけ身についたかはわかりませんが、「継続は力な

り」です。毎日やることで、耳も鍛えられたし、単語も、テキストのコラムで覚えた英語にまつわる知識も増えたと思います。

このラジオ講座は今も「レベル1」からビジネス英語の「レベル5」まであり、一カ月分のテキストは300円台。基礎英語1〜3は朝の6時から、続けて聞くことができます。

全部聞いても45分。**毎日コツコツ続けるには、もっともリーズナブルで効果的な英語学習ツールのひとつです。**

🖉 ラジオや新聞を活用する

テレビもありますが、個人的にはラジオのほうが音声オンリーな分、「聞き取ろう」と集中できる気がします。

テレビやラジオの番組は、録音すると「後で聞ける」とズルズル後回しになりがちなので、できる限りリアルタイムの視聴をおすすめします。

「今しか聞けない！」限定感が大事です。

テレビであれば、NHKのニュースなどを英語のサブチャンネルで聴いてみる、というのもおすすめです。

一日のニュースを夕刊や日本語のニュース番組などでつかんだ後、英語で聴いてみるのです。

夜7時のニュースはリアルタイムで毎日見るのは難しいので、英語音声で録画しておき、15分間ほどを天気予報まで含め、見直してみる。これも勉強になります。

英語のコツ❷

　また夕刊では、たとえば読売新聞なら、Daily Yomiuri に「ニュースの英語」という小さなコラムがあります。
　ぼくも時々、これを切り抜いて、スクラップにして集めて勉強しています。

　「デイリーヨミウリ記者のコレって英語で？」というコラムも長く続いています。「ライバル会社と同じ土俵で競争する」というときの「土俵」は英語でどう言うのかなど、参考になるコラムです（ちなみに、答えは compete with a rival company on an equal footing となっていました）。

🖉 スキマ時間の英語勉強法

　その他、英語教材を ipod に録音して、時間のあるときに聞いたり、毎日の通勤時間を活用して、電車タイムの間「英語漬け」になるのもひとつの方法ですね。

　NHK「ラジオ英会話」１年分の音声データを収録した電子辞書も登場しました。2009年４月から2010年３月までの放送分は全部で約30時間。１年分しっかりと勉強できますし、スキマ時間も活用できますね。
　とにかく、わずかな時間からでいいので、英語に触れてみる。**アイデアと工夫次第で、いくらでも英語漬けになることができます。**
　自分のライフスタイルに合った英語学習を見つけること。それが、長続きするコツです。

Column 7 単語のキモになる意味

同じ意味の単語でも、ひとつずつ意味合いは違います。
キモになる単語の意味合いを覚えておきましょう。

● **share**（分かち合う）
tell や **say** より「みんなで話そう」という気分を意味しています。

Share your opinion with us!
意見を交換しよう!

● **learn**（学ぶ）
人生で学ぶことは、**study**（机の上で勉強すること）より **learn**（身につけること）です。

Learn from experience!
経験に学べ!

● **initiate**（始める）
start より意志的に「ことを起こす」感があります。

We initiated our search.
我々は探索を開始した。

● **opportunity**（好機）
chance より勝算があり、前向きなイメージ。日本語で言うチャンスは、ほとんど **opportunity** だと思ったほうがいいでしょう。

I take this opportunity.
この好機は逃さない。

● **produce**（生産する）
make より生産的でクリエイティブなイメージ。

We produce magazines.
我々は雑誌をつくっています。

英語のコツ❷

翻訳機も実践している
「丸暗記勉強法」のススメ

🖉 好きな映画や本から学ぶ

短期間でメキメキ英語力がつく勉強法――。

それは「**好きな洋画や英語のテレビドラマのDVDの字幕を書きとり、役者になったつもりで台詞を覚え、映像を見ながら、そのセリフをマネする**」こと。

ぼくは、『羊たちの沈黙』『パッチ・アダムス』『陽のあたる教室』『トゥルーマン・ショウ』などは、何十回と観ています。本では、『モリー先生との火曜日』(*Tuesdays with Morrie*) がマスト。ジャーナリストである著者、ミッチ・アルボムの明晰でシンプルな文章は、全編、覚えておきたい名文ばかりです。

アメリカの学校では、キリストの生誕エピソードやリンカーンの演説などの数多くの名文を「丸暗記」させます。日本でも昔は「論語」など、小学生に暗誦させていました。言葉の意味も文法も無視して、反射的に口に出てくるまで、ひたすら反復。

荒っぽいように見えて、単語や英文法を気にしながらの

勉強よりダイナミックな総合力がつきます。覚えた英文の一部をチェンジすれば、どんどん応用できます。

丸暗記勉強はムダにならない

この学習法は、実はハイテク分野にも生かされています。

たとえば日→英の翻訳機の場合。昔は日本文の構文と意味を解析したあと、英語訳を当てはめていました。これは**「ルールベース翻訳」**というやり方で、単語力と英文法優先のオーソドックスな勉強法と同じ発想です。

新しいやり方は**「用例ベース翻訳」**。まず日英の対訳例文をたくさん記憶装置メモリーに記憶させます。そして、翻訳したい日本語文があると、例文メモリーの中から、もっとも意味の近い日本語文を探し出します。あとは、それに対応する英文を少し手直しして、訳文として出力。

これはまさしく先ほどの丸暗記勉強法に相当します。**記憶する対訳例文を増やせば、確実に翻訳の性能が向上する**という点も共通しています。

英語学習では、自分の目的に合った英語は、「とにかくなんでも覚えてしまう！」ことも大切だと思います。

単語力もつきますし、応用できる用例をたくさんストックすることができるからです。シェイクスピアの『ハムレット』の名文句ではありませんが、最後は、Words, Words, Words, 単語、単語、単語です。

英語のコツ❷

新しい英単語、英語フレーズを効果的に覚える方法

🖉 マイ単語帳、マイフレーズ帳のススメ

英語は言葉ですから、日々進化、変化しています。言葉を使う人間や社会が変化する限り、新しい単語や新しい表現は、次から次へと生まれます。これは、日本語でも同じですね。

だから、新しい単語、ニュースの英語は、辞書には載っていない場合がほとんどです。狂牛病が話題になったときも、BSE などの単語は、当時の辞書には掲載されていませんでした。

生きた英語を身につけたいなら、ビビッときた新しい英語の表現やニュースの英語を書きこむ、単語帳やフレーズ帳を持つといいですね。

マイ単語帳、マイフレーズ帳を持ち、新聞やサイトで新しい単語やフレーズを見つけたら、書き留めておきます。たとえば、Mad Cow Disease や BSE といった新しい言葉を見かけたら、読み飛ばさずに単語帳に書き留めます。

その際、単語だけでなく、使われている文章のまま、書き留めたほうが、後々役立ちます。

🖉 単語の意味だけでなく、文章で書き留める

また、どんな単語でもしっかり身に付く方法は「説明文をつける」こと。たとえば、Torii（鳥居）なら、次のような説明も一緒に書き留めておきます。単語のトリセツですね。

Torii is a gate to a shrine. It stands at the entrance to a Shinto shrine. Beyond the gate is the sacred area, and the torii's role is to ward off evil spirits and things. The standard torii shape is two crossbeams spanning two columns.

鳥居は神社の門です。神社の入り口に鳥居は立っています。その先は聖域であることを示し、悪霊を退散させる意味を持つものです。左右の柱の上部に、二本の横桁が渡されているのが一般的です。

Toriiという単語だけを覚えていても使えません。**外国人と話をする場合、よく「鳥居とは何ですか？」という質問をされるでしょう。その際に役立つのが、上のような説明の仕方なのです。**

これは、最新の言葉でも同じ。耳慣れない言葉をきちんと覚えるのにも、人に説明するときにも役立ちます。

英語のコツ❷

ツイッターで楽しみながら
新しい英語表現を知る

🖉 ツイッターで毎日英語に触れる

　twitter(ツイッター)で、気軽に英語の学習を楽しむことができます。たとえば、海外の有名人のつぶやきを見てみる。

　オバマ大統領のつぶやきをリアルタイムで見ることもできるし、自分の好きなハリウッドスターのつぶやきも見ることができます。

　テキストを開かなくても、いつでもどこでも、**リアルな英語を手軽に味わえます。**

　何よりも、楽しいのがいいですね。遊び感覚で英語を吸収できます。

　楽しみながら英語を身につける——。

　「楽しい」というのは、すべての長続きの秘訣です。

　また、つぶやきを見ているだけでなく、自分から積極的にフォローすれば、英語のアウトプットにもなります。

　これまで述べてきたように、英語は毎日のアウトプットが肝心です。日本で生活していると、英語を使う機会は極

端に少ないですが、twitterを利用すれば、アウトプットの機会が格段に増えるでしょう。

これほどいい英語学習法はないかもしれません。

✐ ツイッターが英語を変える

twitterでつぶやける文字数には制限があるので、日本語の場合と同様、英語でも略語が多用されています。

そういう意味では、「twitterが新しい英語を生み出している」とも言えます。

たとえば、OMGは、Oh My God!の略ですが、そこから進化して**ZOMG（なんてこった！）**という言葉が生まれています。

「ゾゥマイガァ！」と発音しますが、これはOMGの最上級です。ものすごく驚いたときに使います。

AWOLはAbsence Without Leaveの略語で、「ツイートしない、無断欠勤」という意味です。

> **I've been AWOL 10 days.** （10日間ツイートしてない）

twitterから生まれた言葉が、どんどんちまたで使われるのは、日本も海外も同じ。**最新のスラングを学ぶにはもってこい**です。オリジナルの略語を作って世界にはやらせましょう。

英語のコツ❷

フレーズひとつでいろいろな
ニュアンスを伝える方法

🖉 言い方しだいで命令、疑問、意志…

「疑問文はDoやWh…」、「未来形は助動詞will、shallで動詞は原形…」。学校で習った英文法はめんどうですね。

 実は、フレーズひとつで命令、疑問、意志など、さまざまなニュアンスを表わすことができます。

 たとえばGo to School.をビシッと強く言えば、「学校に行きなさい」。必死な顔でGo to school.なら「学校に（どうしても）行かなくちゃ」。語尾を上げてGo to school?と言えば「（これから）学校に行くの？」「（将来）学校に行くつもり？」。

 また、頭にNotを付ければ「言ってはダメよ」「行きたくない」「行く気はない」など、否定形のできあがりです。
 日常のやりとりならこれで十分、意味は通じます。

🖉 フレーズをどんどん使う機動力のある勉強を

 goなどとてもよく使われる動詞のフレーズをたくさん覚

えておくのも、頭のいいやり方です。

> **go for a walk**（散歩に行く）
> **go shopping**（買い物に行く）
> **go abroad**（海外に行く）

　フレーズを次から次に頭に入れて、枝葉はひとまず無視して、どんどんしゃべって、慣れていく。それからゆっくり、主語や助動詞の整った「きちんとした表現」を身につけていく。これは機動力のある英語の勉強法です。

　中国やインドの英語の教え方は、英文法よりまずフレーズありきです。
「習うより慣れよ」のスタイルで、実践的に英語を身に付けさせています。

英語のコツ❷

生きた英語を学ぶ最良の方法は?

🖉 チラシとネットは生きた英語の宝庫

　海外で、街中やレストラン、スーパーなどに置かれている英語のチラシ。これこそ、最良の英語教材です。

　チラシには、生きた英語がたくさん掲載されています。特に、教科書の英語に飽きた人、英語の長文を読むのが辛い人……そういった人にはおすすめです。

　チラシ以外にも、**雑誌や英字新聞の見出し、英語の看板なども面白い**ですよね。

　ネットで探せば、チラシや雑誌の見出し、新聞の見出し、看板などはいくらでも見つかります。興味のあるテーマで検索してみて、ぜひ、生きた英語を学んでみてください。

　また、インターネットなら Discovery English もおススメです。Discovery Channel で放送した映像を題材にして、生きた英語を無料で楽しく学べます。

英語のコツ❸

英会話は、
すべてをハッキリさせる

英語のコツ❸

英会話の基本は、
あいさつで始まり、あいさつで終わる

🖉 握手とスマイルは「攻撃しない」サイン

「チーッス、と上司に言う」「人からあいさつされても、ただうなずくだけ」……。
　いまどきの新入社員の困った行動ワースト１は「あいさつができない」ことだそうです。

　日本の社会でも非常識ですが、欧米ではあいさつができないと「常識がないやつ」と思われるだけでなく、なんと「こいつは敵だ。危険人物だ！」と思われてしまうこともあるのです。
　古来さまざまな人種や思想の人々が集まっていますから、**笑顔であいさつして「敵ではない」ことを伝えるのは、マナー以前のルール**です。
　また日本では、あいさつは礼儀正しく（polite）、と教えられますが、英語圏、特に移民の多いアメリカでは、フランクで親しみやすい、「フレンドリー（friendly）」なあいさつが好まれています。

「はじめまして（Nice to meet you）」と手を差し出した

り、右手を挙げて「こんにちは（Hello!）」「ハーイ（Hi!）」と声をかけ合うのも、ルーツは「敵や危険人物と誤解されない」ための知恵でしょう。

ヨーロッパで侵略や戦争が日常だった時代、男たちはいつも武器を手にしていました。相手と仲良くしたいなら、まず武器を下ろし手をひろげて見せ、お互い「攻撃しない」ことを確認する。それが握手のルーツと言われています。

手を挙げるのも、本来の目的は「武器を持っていない」ことのアピールなんです。

🖉 ドラえもんのあいさつは理想的

話は飛びますが、ドラえもんのセリフでよく出てくるのが「こんにちは、ぼくドラえもん」。よく握手もしますね。

実は、アニメ台本の第一声は「君がのび太君かい」だったのを、声優陣が「きちんとしたあいさつ」にこだわり、セリフを改めたというエピソードがあります。

期せずして、未来からやってきたドラえもんが、異文化で人間と仲良くやっていくうえで、理想的なあいさつが生まれたんです。

英語で初対面のあいさつをするときは、「こんにちは、ぼくドラえもん」を思い出して、**笑顔で、ハッキリ大きな声で名前を名乗って、自分から握手しましょう。**

あいさつで始まり、あいさつで終わる――。英語だけではなく、会話の基本ルールですね。

英語のコツ❸

相手への「思いやり」「祈り」を口に出して言う

🖉「よい朝」が「おはよう」になる理由

Good morning!は「おはよう」(カジュアルな場面では、単にMornin'!と言うことも多い)、Good evening! は「こんばんは」。Happy New Year!は「あけましておめでとう」。

この英語の「よい朝」「よい夜」「幸せな新年」の前には、I wish you (〜を祈ります) が省略されています。手紙の最後のBest wishesも、「(ご多幸への) 最大の祈りをこめて」。

ここに英語と日本語の大きな違いがあります。

それは、「キリスト教」という文化的背景です。日本語のあいさつは見たままの事実、**英語圏のあいさつは「祈り」**なのです。

ダイレクトな「God bless you. (神の御加護を)」という表現もあり、「Good by /Bye (さようなら)」も God be with you. (神のご加護があらんことを) が縮まったもの。

子供十字軍の子どもたちは、人から「どこへ行くの」と尋ねられると「神のもとへ」と答え、そのほとんどは帰ってこなかった……というエピソードもあります。

だからなのか、**英語でもフランス語でも「さようなら」には「今生の別れ」というニュアンスもある**ようです。

他にも Have a nice day/ trip!（よい一日を、ご旅行を）など、祈りが隠れたあいさつは数えきれないほどあります。

🖉 相手のことを気遣えば、いい関係を築ける

英語圏の人は、日常的に「あなたの幸せをいつも祈っているわ」といった表現を口にします。背景にキリスト教があるにしても、基本は、「お互いに気持ちよく（feel comfortable）」という習慣なのではないでしょうか。

ぼくはアメリカでしばらく暮らしているうちに、Have a beautiful Sunday! など I wish や I hope が省略された「あなたのために〜を祈っている」という意味の言葉が、わりと自然に口から出るようになりました。

昔の日本人は、あるいは今も地方の方は、相手をいたわったり、気遣ったりする言葉をよく口にします。

英語だから、キリスト教文化だからというのでなく、**コミュニケーションの基本は、「相手を思いやる気持ちを口に出して言う」こと**。

その基本さえ押さえておけば、少々文法や発音が間違っていても、大丈夫。お互いに気持ちよい関係を築けるはずです。

英語のコツ❸

郷に入れば郷に従えば、
英会話は上達するのか?

✐ お辞儀に注意

イスラム教ではお辞儀は神に対してのみ行われるもので、人間に対するお辞儀は忌み嫌われています。

同様にユダヤ教でも、モーセの十戒の二つ目の戒律で、神以外のものに対してお辞儀をすることが禁止されているとのこと。

とはいえ、「郷に入れば郷に従う」と同時に、自分の文化やしきたりを守ることも大切です。

深々と頭を下げる日本人のお辞儀は、イチロー選手が世界に広めましたね。イタリアのセリエAで活躍する長友佑都選手や彼のチームメイトも、ゴールを決めたあとなどにお辞儀をしています。

ドイツやオランダで活躍するサッカーの日本人選手にならって、チームメイトもお辞儀をするパフォーマンスを見せています。

すでに世界は「日本人のお辞儀」を認知しているのです。イスラム教徒もユダヤ教徒も、世界のどこにいても、自分

たちの礼拝の仕方を変えることはないでしょう。

🖉 日本人としてふるまう

　他国の文化、他者の礼儀やしきたりを尊重することは大切ですが、同時に自分の国のものをしっかりと保持することも大切です。

堂々と日本人英語で押し通す。
日本人的なあいさつを行う。

　それを貫く、というやり方もあると思います。
　パート2で触れた「言葉の壁を超える達人」本田宗一郎氏はそうしていたのではないでしょうか。
　表面的なハグや頬への軽いキスなども、英語を使うからといって、全員がそれをする必要はないでしょう。
　知り合いのアメリカ人の先生も、「人それぞれさ、アメリカ人だってハグする人としない人がいるよ」と言っています。

　「郷に入れば郷に従え」とは言いますが、日本人ならば日本人らしく振舞う。相手もそれを尊重してくれるはず。
　それよりも大切なのは、むしろ相手を思う「気持ち」、ハートの部分なのです。

英語のコツ❸

表情やジェスチャーも、ハッキリさせることが大切

🖉 もう能面なんて言わせない

仏教の「無財の七施（お金や力がなくても誰にでもできる、7つの善行）」のひとつに「和顔施（わがんせ）」があります。

和やかな顔でいるだけで、相手は救われる。にっこりするだけで、人の心を明るくできる、という教えです。

しかし日本人の「無表情」は、世界に知れ渡っています。「成田空港の通関スタッフには、マニュアル的で表情がなく不気味な人がいる」「日本人は普通の顔をしながら、いきなりキレるから怖い」「無表情で何を考えているのかわからない」といった声をよく聞きます。

英語圏では「無表情」は「やましい」「誠意がない」「自信がない」「やる気がない」「気にくわない」など、マイナスの評価しかされません。

だから初対面のあいさつから「笑顔で、相手の目を見て、元気よく」、ハッキリした表情を心がけます。

海外旅行は練習に最適。まず、入国審査と税関で係官に

「ハーイ！」と笑顔をふりまいてウォーミングアップします。お店に入るときもスマイル、店員と目が合ったときも、笑顔で声をかけてみましょう。

ムッツリ、こそこそしていると、万引き（shoplifter）かと怪しまれますよ！？

📎 積極的にアイコンタクトをする

「目を合わせる」ことも大事です。

日本人は、知らない人とはアイコンタクトしない、言葉を交わさない傾向がありますが、**英米文化では、「相手が誰だかわからないからこそ、目線を合わせ、言葉を交わして、どういう人か確かめよう」**とします。

気をつけて洋画を観てください。目線を合わせないのはたいてい、何かやましいことや隠しごとのある人物です。

店員さんなども、入店してきたお客さんに必ず、May I help you?（何かお探しですか？）などと声をかけ、目線を合わせようとします。

買いたいものがあるなら、中学校で習った現在進行形を使って、I'm looking for a lovely bag.（おしゃれなバッグを探しているのですが）で OK です。

店内を見るだけなら No, thank you. I'm just looking.（ちょっと見ているだけなので大丈夫です）と応えればいいでしょう。Just looking. だけでも、何も応えないよりは、は

英語のコツ❸

るかにいいです。

どちらの場合も、大事なことは「目線を合わせて、笑顔で、英語で返す」こと。

これは「自分は危険人物ではない」ことの証明にもなります。

店員さんも、Oh, if you have a question, please let me know.（そうですか、何かわからないことがあったら声を掛けてくださいね）とニッコリすることでしょう。

🖉 身振り手振りで、気持ちを表す

英語を使うときは異文化コミュニケーションですから、**「言わなくてもわかってもらえる」と期待しない**ことです。

笑顔も身ぶり手ぶりも動員して、「言葉や態度でわからせる」くらいの気持ちでいましょう。

あいづちをしっかり打ったり、Yesなら首を縦に振る、逆にNoなら首を横に振る。

うれしければ満面の笑顔で声のトーンも上げる……など、あらゆる手段を使って「気持ちを表に出す努力」をしてください。

言葉に加え、表情やジェスチャーも使って気持ちをハッキリ伝えることが、大切です。

Column 8 感じのいいあいさつ

あいさつは、コミュニケーションの基本です。印象のいい初対面でのあいさつだけでなく、感じのいい別れのあいさつも覚えておきましょう。

● **感じのいい初対面のあいさつ**
初対面では、自信を持って、必ず笑顔であいさつをしましょう。

It's nice to meet you.
お目にかかれてうれしいです。

I'm very honored to meet you.
お目にかかれて光栄です。

● **関係をつなぐあいさつ**
次回会うために約束ができるように努力しましょう。

Can I give you one of my cards?
名刺をさしあげてよろしいですか?

Would you like to have dinner with us tomorrow?
明日、ご一緒に夕食などいかがですか?

● **和んで別れるあいさつ**
さよならのあいさつは、必ず相手の目を見ながらしましょう。

Nice meeting you. / It was a pleasure meeting you.
お目にかかれてうれしいです。

It was nice getting to know you. Let's do this again soon.
出会えてよかった。また近いうちに会いましょう。

See you soon. Keep in touch.
近いうちにまた会いましょう。連絡を取り合いましょう

英語のコツ❸

相手をハッキリほめる技術で、
コミュニケーションを円滑にする

✎ 「ほめる」技術を磨く

人を心からほめる——。
「秘すれば花」「以心伝心」文化の日本人は、なかなか英語圏の人のようには、ほめ言葉が出てきにくいですね。

英語圏では身内であっても堂々とほめ、自慢します。
人間誰しも、けなされるよりも、ほめられるほうが気分がいいですよね。ぼく自身も、おだてられて木に登るタイプです。
歯が浮くようなセリフはいりませんが、**英会話では「とにかくほめよう」「オーバーにほめよう」と頭を切り替えたほうがいいでしょう。**

✎ 「ほめる」ひと言フレーズを覚える

まず、ひと言で「すばらしい」「スゴい」「たいへん良い」を表現できるフレーズを紹介しましょう。

> **Great!**（すばらしい！）
> **Amazing!**（驚異的！）

有名な歌『アメイジング・グレイス（すばらしき神の恵み = Amazing Grace)』のAmazingです。

> **Terrific!**（スゴい！）

また、「イチロー（選手）的にスゴい」という意味の造語Ichi-rific!もあります。他にも、次のようなものが。

> **Fantastic!**（ステキ！）
> **Cool!**（かっこいい！）
> **Marvelous!**（見事！）
> **Beautiful!**（美しい！見事！）
> **Wonderful**（すばらしい！）
> **Perfect!**（カンペキ！）
> **Excellent!**（最高！）
> **Awesome!**（怖いくらいすばらしい！）
> **Splendid!**（豪華絢爛！）
> **Remarkable!**（ほめるしかない！）

このようなひと言フレーズを数多く覚えておけば、スムーズに相手をほめることができますね。

感嘆文で「ほめる」

二語以上のほめるフレーズもあります。

英語のコツ❸

まず「How ＋形容詞！」の感嘆文。感激で「言葉を失う」ためか、形容詞のあとはよく省略されます。

たとえば、How beautiful this is!（これ、なんてきれいなの！）は、How beautiful!。Very beautiful!でもOKです。

> **How big!**（デカッ！）
> **How cute!**（超カワイイ！）
> **Very good!**（いいじゃん！）

goodだけでほめていると思っている人も多いのですが、**英語のgoodは、日本語で言うと「可」「合格」「よし」というくらいの意味しかありません。**

積極的にほめているイメージではありませんから、ほめるときには力をこめて言ったり、veryを付けましょう。

> **Very good job!**（すごくいい仕事だね！）
> **Great job!**（すばらしい仕事だね！）
> **Nice work!**（なかなかいい仕事だね！）
> **Well-done!**（よくやった！）
> **Never better!**（最高！）
> **Couldn't be better!**（絶好調です！）

Couldn't be better!は、仮定法を使った表現です。「もしも地球がひっくり返っても、これより良くはならないだろ

う」という意味が隠されています。つまり、「最高、絶好調」の意味になります。

✎ 文章でほめれば、よりていねいになる

ひと言ふた言だけのフレーズではなく、**文章にすれば、よりていねいに相手をほめることができます。**

> **I've heard a lot about you.**(お噂はかねがね伺っています)
> **I've heard great things about your work!**
> (すばらしい仕事をされていますね！)

相手の服装や装飾品、髪型もまめにほめましょう。

> **I just love your earrings!**(そのイヤリングいいですね)
> **They look good on you.**(とっても似合っていますね)
> **You look fabulous!**(すてきですね！)

この fabulous は、アメリカでは女性言葉。男性が「すてき」の意味で fabulous を使うと、ゲイかアーティストだと思われます。男性は気をつけてください。

lovely も You have a lovely dog. のように「かわいい」という意味でなら OK ですが、「すてきな」の意味で使うと、やはりアメリカではゲイ言葉。ちなみに、イギリスでなら、「すてきな」という意味で使われています。

英語のコツ❸

なぜ、ネイティブは
ゆっくりしゃべってくれないのか

🖉 ネイティブはゆっくりしゃべれない

「こちらがカタコトの英語しか話せないのに、ネイティブはゆっくり話してくれない」「ゆっくり話してほしいとネイティブに頼んでも、ほとんどスピードが変わらない」といった声をよく聞きます。

ネイティブは、気が利かないわけではなく、「ゆっくりしゃべって（Speak slowly）」と言われても、どうしていいかわからないのです。英会話講師のスローな英語は、発音などを教えるための、「教育専用英語」です。

なぜネイティブはゆっくりしゃべれないか。日本語は「す〜て〜き〜」など、一語一語を伸ばしても通じます。

しかし、英語は、アクセントあっての言語。Greatならレイに力をこめて「グレイッ」と一気に言わないと意味を成しません。間延びした「グ〜レ〜イ〜ト〜」では英語でなくなってしまうのです。

また二語以上になると文全体のアクセントやリズムも大きな意味を持ち、言葉がどんどん短縮されます。

たとえば、can opener（缶切り）の二語の最後と最初の

n＋oがくっついたようになって（リエゾンして）「キャノプナ」となります。できるだけ文を圧縮して、より多くしゃべるための表現です。

✏️ フレーズ、センテンスで区切る

英語の特徴をつかむと、対処法も必然的にわかります。つまり、英語を聞き取れないときは、Hold on, please. と待ったをかけ、こう言えばいいんです。

> **Please cut your sentence when you speak.**
> （文を短く切ってしゃべってください）

すると、相手は少し間をおいてくれるので、マシンガントークにならず、こちらも考える時間ができます。

この方法は、自分でリスニングの勉強をするときにも有効です。まず全文を聞いて大意をつかんだら、**フレーズごと、センテンスごとに英文を「ぶつ切り」にして**、繰り返し聞いたり、意味をつかみながら進めてみてください。

どうしても聴き取れない、あるいはわからない言葉は、こう聞いてみましょう。

> **What do you mean by...?** （～はどういう意味ですか？）

また、人名や場所の名前などは Write it down, please. と言って、紙に書いてもらう方法もあります。

英語のコツ❸

アクセントをハッキリさせると、ネイティブの英語に近づく

🖉 メリハリを付けて発音する

ネイティブに近い英語を話すには、まず母音、子音の発音をクリアしなければ……。みんなそう思って、くちびるを突きだしたり、舌を丸めたり軽くかんだり、歯の裏につけたりして、がんばって身につけようとします。

しかし、なかなかうまくいきませんね。

てっとり早くネイティブ風の英語を話すコツは、実はアクセントにあります。学校時代、「英語の単語には、強く発音するところと、弱く発音するところがある」と習ったと思います。それを素直に実行するだけ。

コツは「アクセント記号の部分は大げさに強く、弱いところは聞こえないほど弱く、すばやく」のメリハリです。アクセントでもハッキリさせるのが英語の特徴なのです。

また、母音をややあいまいに発音すると、子音の音が強調されて、よりメリハリが付きます。子音で終わる単語は、ラストの子音を聞き取れないほど弱く発音します。

Catなら「キャット」と全部をしっかり言わないで、「ヶアーッ」とaを目いっぱい強く、tは聞こえないほど弱く、

口の中で消す感じです。

これで一気にネイティブに近づきます。

また、英文を読むときの大原則は、**「大事な単語は強く、ハッキリ。そうではない単語は、弱く、早く」**です。たいてい「大事な単語」は名詞と動詞で、「そうでない単語」はIやherなどの代名詞やthe/ aや前置詞などです。

✐ ネイティブのまねをする

ネイティブの発音に近づくためには、ネイティブになりきることです。

まずは相手をまねることが、上達の第一歩。特に言葉は、そうです。小さな子どもは両親の言葉をまねることから、言語を習得していきますよね。

「まねる」の語源は、「学ぶ」と言われています。

外国人のしゃべり方をまねることは、外国語を学ぶこと、意識しましょう。

ハリウッドスターやミュージシャンになりきって、彼ら彼女らの話し方をまねしてみるのも効果的。

たとえば、オバマ大統領の演説をまねすれば、オバマ大統領のように聴衆を惹きつける話し方を学ぶことができます。『セックス＆シティ』といったドラマの登場人物のまねをすれば、イマの話し方が身に付きます。

自分の目指す英語の話し方に合わせて、まねする対象を選べばいいということですね。

英語のコツ❸

表情や言葉の「調子」を
ハッキリさせると効果バツグン

🖉 口を大きくあけて話すと、伝わり度がアップする

外国人と英語で話すときは「照れ」をわきに置き、**口を大きくあけて、文を区切って、ハッキリしゃべってください**。それだけで、言いたいことの「伝わり度」がグンとアップします。

戦場カメラマンの渡部陽一さんはインタビューなどで、「18年間の取材を通して、言葉がよく通じない地域で、限られた単語をゆっくり、ハッキリ、ジェスチャーと一緒に伝えるクセが体に染み込んだ」と話しています。

渡部さんの話は、言葉は少ないのによく頭に残り、話題の豊富な人という印象が強いですね。

これは、ビギナーの英会話に応用できます。

🖉 表情や声の調子だけでも伝わる

心理学者メラビアンの有名な法則があります。

「かもしれない」などの、どうとでも解釈できる言葉の伝わり方は、**表情やボディランゲージに55パーセント、話し方や声の調子に38パーセント左右され、言葉の意味は**

たった7パーセントしか影響しないというものです。

　同じ「かもしれない」でも、身を乗り出して力強く言えば、相手には「きっとそうだ」と思われ、うつむいてボソボソ言えば「これはとてもムリだ」と思われる。

　もっと具体的な「うれしい！」などの言葉でも、目をそらして小声でつぶやいたら、「本当は気に入らないんだ」と受け取られてしまいます。

　しゃべり方によって、伝わり方が真逆になってしまう「怖さ」を、特に英語を話すときは、肝に銘じておきましょう。

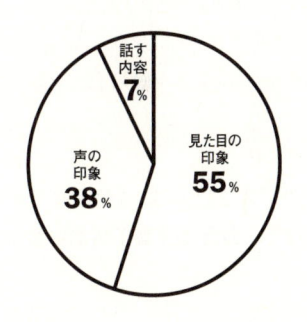

英語のコツ❸　英会話は、すべてをハッキリさせる

話す内容 **7**%
見た目の印象 **55**%
声の印象 **38**%

英語のコツ❸

リスニングが苦手な原因は、
自分で「発音」ができないこと

📝 発音できない音は聞き取れない

「リスニングができない」、「ヒヤリングが苦手」という悩みも、まるで国民病のように、よく耳にしますね。

日本人はヒヤリング（hearing）という言葉をよく使いますが、これは「自然に聞こえる」という意味。ヒヤリング・テストは、実は耳鼻科の「聴力検査」のことです。

英語教育では「積極的に聞き、理解する」という意味で、ヒヤリングではなくリスニング・コンプリヘンション（Listening Comprehension＝聴解力）という言葉を使います。

リスニングができないのは、「発音ができていない」から。大原則として、自分が発音できない音は、聞き取れません。

また、単語の意味、つづり、正しい発音が一致していなければ、いくら「英語耳」で音を聞き取っても、意味がわかりません。

これは、英語だけでなく日本語でも同じ。

たとえば、「チュートンチ」という音を聞いたとします。

その音と、漢字の「駐屯地」、そして意味＝軍隊が駐留する場所。この３つが一致しないと、単に「チュートンチ」という音が耳を通りすぎるだけです。

🖉 間違いやすい発音に要注意

日本人には、テストの発音問題はできても、たとえばliveとleaveの発音をちゃんと区別できない人がけっこういます。

その原因は、学校で「伸びるイーは、イを伸ばしたもの」と教わったからだと思います。

英語の「イー」と「イ」は、本来まったく違う音です。

> **I live here.**（ここに住んでいます）
> **I leave here.**（ここから去ります）

住むと去るでは大違い。音声学的な細かい知識を頭に入れる以前に、まずは「leaveではイをオーバーに伸ばして、イー」あるいは「伸びるイーは、歯が見えるくらいに、口角を上げて」と、筋肉に覚えさせましょう。

liveとleaveを正しく発音できれば、ちゃんと聞き取れるようになります。

間違いやすいのはoの発音です。

たとえばI don't know.を「アイ・ドン・ノー」「アイ・ドント・ノー」と発音している人がとても多いと思います。

この場合のoの正しい発音は、「オー」ではなく「オウ」。

つまり「アイ・ドゥン・ノウ」になります。この「オウ」ひとつで、発音は大きく改善されます。

これがわかると、wantとwon't=will notの区別ができるようになります。「ウォント」と「ウォウント」ですね。won'tのときはoの発音のオウを意識しましょう。

中学英語で発音の基礎はできている

多くの日本人は、中学校で習った発音のルールを、すでに身につけています。

たとえばtake/ fake/ make/ cake/ shake/など、keが後に続くまん中のaは二重母音で発音は「エイ」になることを、なんとなくわかっていませんか?

テニスのクルム伊達公子選手は当初、外国で「デイト」と呼ばれていました。Dateのteもkeと同じく、子音+短母音だから前の音が二重母音「エイ」になる、と思われたんですね。

またooの音には、次の二種類があることも習いましたね。

> ① moon, noon, soonなど「ウ～」と伸びる音
> ② cook, look, took, footなど「～ッ」とはねる音

こうした点を少し頭に入れておくと、知らない単語に出

くわしたときでも、発音できるようになると思います。

foodとfootなど、最後の一文字だけで、発音が変わってしまうこともあります。これも日本人は大袈裟に、「フーード」と発音し、足のほうは「フットゥ」とはねるように発音しましょう。

そういう発音の基礎は、中学校ですでに習ったことだったわけです。

📝 文脈から判断すれば、聞き取れる

文脈から判断する力も、聴解力です。「軽井沢でヒショを」と言われたとき、私たちは前後の文脈や文法の知識をかき集めて、秘書か避暑かをつかんでいます。

ぼくがアメリカのスーパーで買い物をしたとき、レジ係の人が「ウザビオ?」と言ってきました。最初は何のことかわからなかったのですが、状況からWill that be all?（これで買い物は以上ですか?）であることが理解できました。

リスニングとは音だけの問題ではなく、文脈や状況から判断する力、文法の力もモノを言うことを頭に入れておいてください。

本当の英語力には、常識力、判断力、適応力や共感力も含まれているというわけですね。

英語のコツ❸

英会話は「相手にわからせてやる」くらいの気合いで

✐ 英語は横隔膜を動かして声を出す

「英語が通じない」と悩んでいる人には、口先だけで声を出している人が多いです。**発音うんぬんの前に、声が相手にちゃんと届いていない**わけです。

レストランでウエイターに「すみません」と声をかけても、なかなか振り向いてもらえない人のように、声そのものも小さいわけです。

ネイティブの話し方を観察してみると、彼らは横隔膜を使って、お腹から声を出していることに気づきます。だから、電車内でアメリカ人やオーストラリア人のグループと同席すると、車両の端から端まで声が通って、うるさいほど。

私たちも負けてはいられません。歌うときや舞台役者と同じく、息を吸うときにお腹をふくらませ、へこませながら吐く息にのせて、

「あ・い・う・え・お、い・う・え・お・あ……」

と、お腹から声を出す練習をしましょう。
「キラキラ星」のような簡単な歌を、思いきり横隔膜を使って歌うのも、よいヴォイス・トレーニングになります。

🖉 英語で話すときは、気合いを入れる

英語の発声法を教えるとき、「ガマガエルの物真似」もよく使われます。腹から押し出した息をのどの奥から出しつつ、すごみをきかせて低い声で「ゲロゲロゲロ、グワッグワッ」と言います。

その発声法のまま、「I am a boy」と、ゆっくり言ってみてください。すごく言いやすいと思います。

腹の底から低く野太い声を出すことが、英語のサウンドをつくるのに、大切なのです。

日本人でも、お坊さんたちは、おへその下の丹田（たんでん）に気を集中させます。お腹の底から野太い声を出して、朗々と読経しますね。

かつてはやった文句ではないですが、英語をしゃべるときは「気合いだぁー！」と思うことが、意外に大切かもしれません。

「相手にわからせてやる」くらいの気持ちで、声を張り上げるといいでしょう。

英語のコツ❸

Notを使って、
上手にキッパリ断る

🖋 ハッキリとした態度を示す

嫌われたくない、傷つきたくない、モメたくない……。

日本人の中には、その気もないのに、ノーと言えなくて、つい「時間をください」「考えてみます」「検討します」と言葉を濁してしまう人が多いと思います。

空気を読んで、その場の雰囲気を壊したくないという気持ちが働くのでしょう。ぼくもそうですが、頼まれるとなかなか「嫌です＝No」とは言えないですね。

でも英語では、そういう態度は卑怯者のすること。**断りたいときは、キッパリ断らないと、相手はOKしたと見なしてしまうのです。**

ぼくも、Noと言えなかった思い出があります。

アメリカの大学の学生食堂（cafeteria）でのこと。トレーを持って、サラダをお皿の上に載せてもらうところでした。係の大柄なおばちゃんが、大盛りのサラダをぼくの皿の上にドンと載せるのです。

ぼくはすかさず、That's enough!（これで十分です）と言ったのですが、おばちゃんは、No more?（これ以上い

らないの?）と鋭い目付きで執拗に聞いてきます。

日本人のぼくは、「いらないの?」という質問に、「はい、いりません」のつもりで元気よくYes! すると、大盛りのサラダをもうひとつドン！と載せられてしまいました。

No?と聞かれて、Yes.と応えれば、「いいえ、いります」という意味になってしまうのです。

そういった間違いが起こるのも、ぼくの態度がハッキリしなかったから。No! That's enough.（いりません。十分です）と断固拒否しておけばよかったのです。

✐ Notを活用すれば、スマートに断れる

断り方に慣れていない日本人は、英語ではなおさら断るのが苦手だと思います。そこで、**Notを活用して、たった二語でスマートに「ダメ」と断るフレーズ**を紹介します。

> **Not now.**（いまはダメです）
> **Not here.**（ここではだめです）
> **Not yet.**（まだです）
> **Not me.**（私ではありせん）

このように、Not + α で、簡単に断ることができます。先ほどのサラダの例で言えば、Not today.「今日はいりません」などと、ハッキリ断ればよかったわけです。

英語のコツ❸

人に勧める、促すときは、
pleaseを使わない

✎「どうぞ」の二つの意味

日本人が英語を話すときに、よく使ってしまう単語のひとつが、pleaseではないでしょうか。

ところが、このpleaseには注意が必要です。**日本語で訳した「どうぞ」という意味で安易に使ってしまうと、ネイティブが首をひねってしまうかもしれません。**

日本語の「どうぞ」には二つの意味があります。ひとつは友だち同士で「クッキー買ってきたよ。どうぞ食べて」というようなケース。

人に何かを勧めたり、促したりするときの「どうぞ」ですね。英語ではこういうときは、pleaseは使いません。

たとえば、映画『ダーティ・ハリー』のキャラハン刑事（クリント・イーストウッド）の名台詞。

> **Go ahead, punk, make my day!**
> （撃つなら撃ってみろ、このチンピラ野郎。死ぬのはお前だ！）

このgo aheadは、「どんどんやって」と人を焚きつける表現です。

「どうぞ、好きにやってみろ」というニュアンスがありますが、この**相手を促す「どうぞ」にはpleaseは使わない**のです。

ちなみに、ハリーの台詞、make my dayは、言葉を補うと、it will make my day. となります。状況から判断すると、itは「お前が拳銃を撃つこと」を指し、「そうしたら、〜だろう＝will」と続きます。「お前が撃つことが、お前ではなく、おれの日をつくる」、つまり「今日はおれの日、お前の日ではない、お前は今日死ぬんだ」という意味になります。

他にも、「どうぞ（部屋に入って）」と促すときは、Come on in. や Here you go. と言うなど、pleaseは使いません。

🖋 お願いするときは、please を使う

日本語のもうひとつの「どうぞ」は、「どうぞよろしくお願いします」と言う場合など、「人にお願いする」「依頼する」ときでしょう。

このような場合は、英語で please を使います。

英語の please は、「人にお願いする」ときに使います。頭を下げて頼む意味合いが含まれているのです。

ですから、道を譲るときやエレベーターを降りるときに please を使うと、「この人は何をお願いしているのだろうか？」と不思議に思われてしまいます。

英語のコツ❸

シンプルに考えれば、
英語への恐怖心はなくなる

🖉 シンプル英語のすすめ

英語を使うこと、英文を書くことに恐怖心がある人も多いと思います。

そういう人が、恐怖心を捨てる一番よい方法、それは、「シンプルに考える」こと。**文章を「難しく、複雑に」せず、「短く簡単に」を心がけてみてください。**

アメフトの世界でよく言われる Keep it simple, stupid!（単純にやれ、バカ）＝KISS方式の考え方が大切です。

たとえば、「とりあえず、人にものを頼むときには please を付ける」とシンプルに考える。pleaseの使い方は前ページで説明した通りです。

フライト・アテンダントにコーヒーをお願いするとき、Coffee. とぶっきらぼうに言わず、Coffee, please. とすれば、好印象になります。もちろん笑顔も忘れずに。

もちろん、pleaseにも例外はあります。

親が子どもに、Clean up the table, please.（テーブルをきれいにしなさい）と言うときは、pleaseがないときより

も高圧的な表現になります。

でも、こうした例外はあとから覚えればいい。とりあえず「お願いするときには、pleaseを付ける」とシンプルに考え、どんどん覚えていきましょう。

困ったときほどシンプルに

入国審査などで英語が通じなくて、「日本語のできる方はいませんか？」と言いたい場合。

① **Do you have someone who can speak Japanese?**
② **Japanese speaker, please.**

どちらでも意味は同じですが、②のほうが簡単です。困ったときほど、シンプルに考え、表現したほうが間違いがありません。

また、海外にいるときに緊急事態が起きた場合は、Japanese Embassy, please.（日本大使館をお願いします）でOKです。

あまり難しく考えず、シンプルに考え、表現するクセを付けてほしいと思います。

このようなクセが付いてくると、英語自体に対する恐怖心がなくなり、**どんどん英語を話す機会も増える**でしょう。

英語のコツ❸

英語のworkは、あれこれ使える単語

🖉 あらゆる場面でworkが顔を出す

英語のworkは、本当に幅広い意味で使われます。

生きるとは、仕事をすること――。**遊びも勉強も買い物もバイトも、シャワーをあびるのも、旅行のプランをたてるのも、目的に向かってすることは、すべて仕事**と考えます。ですから、次の例文のように、workはあらゆる場面で顔を出してきます。

> **She is working at mathematics.**
> (彼女は一生懸命に数学の勉強をしている)
> **I'll try to work on him.** (彼を説得してみるわ)
> **Nobody could work out the problem.**
> (誰もその問題を解けなかった、解決できなかった)

また、スケジュールや都合を聞かれて「あいていますよ」「OKですよ」と言うときも、自分が動ける＝仕事ができるということなので、workを使います。

> **Does it work for you?** (ご都合はいかがですか？)

> **Tomorrow doesn't work for me.** (あすは都合が悪くて)
> **Friday works for me.** (金曜ならあいてるよ)

🖉 モノに対しても work を使う

人だけでなく、時計が動いたり、包丁が切れるのも、**モノとして仕事＝機能している**と英語では考えます。

たとえば、日本人がうっかり間違えやすいのが、「時計が動かない」という表現。

> × The watch doesn't move.
> ○ The watch is not working.

日本語では、「移動しない」ことも「機能しない」ことも「動かない」と言いますが、英語ではきちんと分けているのですね。他にもいろいろあります。

> **The rope worked loose.** (ロープがゆるんできた)
> **The medicine worked miracle for him.**
> (その薬は彼に、奇跡的な効果をもたらした)

英語では、人、スケジュール、モノを問わず「仕事する」「都合がつく」「機能する」ことのあれこれを、work ですべて表現できます。work はあらゆるフィールドで、実に「いい仕事」をしてくれるというわけです。

英語のコツ❸

エラソーに聞こえる
「上から目線」の英語に要注意

✐ エラソーに名前をたずねない

　英語の文化圏では、日本ほど、年齢や身分の上下関係にとらわれていません。ですから、基本的にI‐Youで会話をすればよいのですが、表現によっては、相手に失礼にあたるものもあります。

　よく使うフレーズで、「間違いではないけれども、ちょっと不自然」な訳で覚えてしまったために、思わぬ誤解につながる表現をしてしまうこともあります。

　たとえば、

> **What's your name?**

　この例文の日本語訳を「あなたの名前は何ですか？」と覚えている人がほとんどでしょう。ところが、この表現は、立場が同等の人あるいは下の人に対して使う表現なのです。日本語で言えば「オマエ、名前は？」くらいの上から目線になってしまいます。

　先生が生徒に対して聞くなら「君、名前は？」ということなのでOK。ハーバード大学のサンデル教授も、意見を

述べた学生に対して「いい意見だね。名前は？」という感じで使っていました。

では、ていねいに名前を聞きたいときはどうすればいいでしょうか。相手がお客様なら May I have your name?、友だちのようなカジュアルな関係であれば、My name is Haruo. What's yours? で OK です。
一番便利な言い方はこれです。

> **Your name, please.**

これひとつで、誰に対しても、どんな場面で使えるので、非常に使い勝手はいいでしょう。

もうひとつ、日本人がよく間違える表現を紹介したいと思います。

> **Sit down.**（座れ）

この表現は、**かなり上から目線の言い方**で、普通は次のように言います。

> **Have a seat.**（おかけ下さい）
> **Take a seat.**

英語のコツ❸

🖉 上から目線の言い方に注意

なぜ、What's your name?やSit down.が「上から目線」の表現になるのか、ぼくなりに推測してみます。

Whatで始める疑問文はたくさんあります。

> **What's your favorite color?** (好きな色は何ですか？)

このような言い方をしても、特段失礼な聞き方ではありません。ということは、英語の構文に理由があるというよりは、「名前」というものに理由がありそうです。

どこの国でも「人の名前には神秘的な力があり、他人には知られたくない」という考え方があります。あくまでも推論ですが、**ていねいに名前をたずねないと失礼になるという文化が英語にもある**のではないでしょうか。

日本語でも、名前を聞くときは、非常に神経を使うと思います。

次はSit down.です。

道を聞かれた場合には、次のように命令形を使います。しかし、失礼な表現にはなりません。

> **Turn left and go straight to the station.**
> (左に曲がって、まっすぐ行けば駅です)

命令形であっても、その行為によって失礼になる場合とならない場合があるのです。

Sit down.の場合、その前に**「なに突っ立っているんだ」という状況が前提**になっています。そうであるならば、お客様などに席をすすめる場合には、失礼な言い方になるのは当然ですね。

🖉 wantの使い方にも要注意

wantを使った言い方にも、「上から目線」になってしまう場合があるので、注意が必要です。**wantは自分の欲望、欲求を直接表現する言い方**だからです。

> I want you to check this essay.

この例文を先生に向かって使うと「このレポートをチェックしていただきたいのですが」と言っているつもりが、「あんたに、このレポートをチェックしてほしいんだけど」というニュアンスになってしまいます。
「〜したいのですが」という場合には、wantの代わりに、would likeを使います。

いわば、仮定法過去のwouldを使って、「できるならば、可能ならば」というニュアンスを込めて、ていねいな表現をするほうがいいでしょう。

英語のコツ❸

専門用語を知らなければ
簡単な表現に言い替える

🖉 簡単な言いまわしで表現する

　英語力をつけるためには、まずボキャブラリーを増やすこと。

　経済関連の記事を読みたいなら経済に関する英語を、癌についての最先端の治療法を知りたいなら、医学関連の単語や表現を覚える必要があります。

　しかし、切羽詰まったときに、どうしても必要な英単語が出てこない場合も多いでしょう。

　たとえば海外旅行先で、わが子が急に高熱を出し、お医者さんが必要になった。「小児科医ってなんて言うんだろう？」、でも子どもが苦しがっていて調べる余裕もない……。

　実際、ぼくの息子もロサンジェルスに滞在中、猩紅熱（scarlet fever）にかかりました。こうした「まさか！」の緊急事態には、その場で対応するしかありません。

　そういうときは、**簡単な言いまわしで、別の表現をすればいいの**です。小児科医は、英語で pediatrician と言いま

すが、単語を知らなくても、

> **I'm looking for a doctor for my kid.**
> (うちの子どもを診てくれるお医者さんを探しています)

中学英語でも、ちゃんとニーズを伝えられます。

🖉 専門用語に頼らなくても大丈夫

これを応用すれば、どのような医者であっても、簡単に別の表現をすることができます。たとえば、婦人科医なら、

> **I'm looking for a doctor for my wife.**

ちなみに婦人科医はgynecologist、産科医はobstetricianと言います。

アメリカでは、乳児を診る医者はbaby doctor、小児科医はchildren's doctorと呼ばれます。産科医は、産まれた赤ちゃんをキャッチするせいか、baby catcherとも呼ばれています。

日常的な単語が、簡単な言い方になっている点に注目してください。難しい専門用語は、英語がネイティブの人にとっても覚えにくいものなのですね。

難しい医学用語はなかなか頭に入りませんが、このような簡単な言い方なら覚えられそうですし、緊急事態であってもすぐに思い出せそうですね。

英語のコツ❸

病院で困らない
中学英語で「痛み」を伝えるコツ

🖉 痛みの程度を伝える

海外旅行や出張中に「痛み」に襲われて、病院や薬局に駆け込んだとき、「どういう痛みなのか」を伝えることは難しいですよね。一概に「痛み」と言っても、程度があります。

痛みの説明ができなければ、原因が見つけにくく、医師も困りますし、余計な治療をされたり、薬を大量に処方されたりします。

そこで、痛みを伝える表現を覚えておきましょう。

①stabbing pain（鋭い痛み）

sharp painと同じ意味で、鋭い痛み。stabは「突き刺す」。刃物や針などで外側から突き刺されるような痛みのことを言います。日本語なら、「キリキリ痛む」感じです。強くつねられているような痛みも、これに入ります。

このpainをまずは覚えて、Pain here.+「患部を指すジェスチャー」は、最低限頭に入れておきましょう。

②ache（にぶい痛み）

これは、sharpやstabbingとは反対で、dull（にぶい）感じの痛み。骨や関節、筋肉、頭などの、体の内側から「しくしく」「ズキズキ」する、比較的ゆるいけれどもなかなかおさまらない痛みの表現です。

🖉 痛い部分、原因を伝える

また、acheを使えば、痛い部分を伝えることができます。

たとえば、headache（頭痛）、stomachache（胃痛）、toothache（歯痛）、backache（腰痛）、earache（耳痛）など。acheが付く言葉は、挙げるとキリがないほど。

また、acheは動詞として、hurtと同じように使います。

> **My back aches.**（腰が痛い）

英語でbackの範囲はとても広く、背中も腰もbackです。腰だけを指すときは、low（lower）backと言います。背中はhigh backではなくupper backです。

She has the high back.は「彼女は背が高い」という意味になります。

「ache from 要因」で、何が原因で痛いのか説明できます。

> **My back is aching from skiing.**（スキーで腰が痛い）
> **My muscles ache from running a marathon.**
> （マラソンで筋肉痛だ）

英語のコツ❸

海外で気をつけたい
トイレとタクシーの「しまった!」

🖉 トイレにまつわる大事な英語

教え子の体験談です。アメリカに留学していたその学生は、ホームセンターでトイレに行きたくなりました。

店員さんに、Where is the toilet?とたずねると、Follow me.と言われ、付いていくと、なんとそこは、おびただしい便器、便座が並んだ売り場だったのです。

toiletはアメリカでは「便器」の意味です。上品な席では、使うのを避けたほうがいいでしょう。restroomかbathroomを使うようにします。

> アメリカ　　　　　**Where is the restroom?**
> イギリス　　　　　**Where is the toilet/ the loo?**
> 女性におすすめ　　**Can (Will) you excuse me for a moment?**
> （ちょっとこの場を離れていいですか？）

bathroom は、国によって意味が違ってきます。I'm going to use the bathroom.の意味は、イギリスでは「お風呂に入ります」。アメリカでは「トイレをお借りします」になります。

他の「トイレという意味を持つ言葉」はbathroom, 飛行機の中のlavatory, カナダなどではwashroom, 男性向けのmen's roomやthe john（便所）、女性向けのpowder room, ladies room（化粧室）などもあります。

✎ タクシーを呼びたいとき

ホテルのベルボーイに、「タクシーを呼んでください」と言う場合、日本人がよくする間違いは、Please call me taxi.これでは「私のことをタクシーと呼んでください」になってしまいます。これでは、「アッシー君」ですね。
「タクシーを呼んでください」は、次のように表現します。普通は一台のタクシーを呼ぶので、aを付けます。

> **Could you call a taxi for me?**
> **Please send me a taxi/cab.**

また、道をたずねる場合は、次のように言います。

> **Could you tell me how to get to the nearest station?**
> （いちばん近い駅をお教えいただけますか？）
>
> **How can I get to the station?**
> （駅までの道を教えていただけませんか？）

この場合、go（行く）ではなく、**「ここから出発して、目的地まで到達する」**という意味の**get**を使いましょう。

英語のコツ❸

ハッキリ自己主張する練習
「英語で怒ってみる」

✏ 自己主張することは正義

　日本人は英米人あるいは中国人と比べて「自己主張が弱い」「ものをハッキリ言わない」とよく言われます。

　この「自己主張する」を英語で言うと、claim。日本で言うクレームやクレーマーには、「文句を言う」「無理難題をふっかける」といったニュアンスがありますが、**英語のclaimは「まっとうな要求」**。支払いを求めたり、無実を主張したりするときに使われます。

　英語で話をしていて「それはないだろう」と思ったら、本来の意味の「クレーマー（claimer）」になりましょう。

　アメリカ人は、他人の足を踏んでも謝らず、「俺の足の下に、お前の足があるぞ」とウソぶく、という話もあります。

　ぼく自身はそんなアメリカ人には会ったことがありませんが、英語圏の裁判のやりとりやディベートを見ると、「とことん自己正当化して謝らない」傾向はありそうです。

　日本人の口グセは、「すみません」。しかし、英語では、I'm sorry.を多用せず、ハッキリ自己主張を。

Column 9 怒りの英語フレーズ

自己主張の練習のためにも、そして実際に怒る場合にも使える簡単な「怒りのフレーズ」を紹介しましょう。

No! No way! Never!
ダメ! いや! 絶対ムリ!

You fool!
バカ!

Shut up! / Shut your mouth!
だまれ!

Come off it!
冗談じゃない!

It makes me mad.
アタマにきた。

Damn! Damn it! Shit!
チキショー!

Be quiet! Keep quiet!
うるさい! 静かに!

Call the manager!
責任者を呼べ!

It's not my fault. It's YOUR fault!
オレは悪くない。おまえのせいだ!

What are you going to do about it?
それをどうするつもりだ?

Pay for it.
弁償しろよ。

Column 10 ネイティブ仕様の発音

アクセントと強弱が重要なのは、フレーズでも同じ。フレーズをひとかたまりと捉え、続けて発音するのがネイティブ流です。

a little bit 【アリルビッ】
ほんの少し

How's it going? 【ハウズィトゴウイン?】
調子はどう?

(You) got it? 【ガリッ?】
わかった?

Check it out. 【チェキラ】
注目。要チェック。

Go ahead. 【ゴアヘ】
先に行って。

Lock the door. 【ラッザ・ドー】
ドアに鍵かけて。

Will that be all? 【ウザビオ?】
それで全部? 以上ですか?

Anything else? 【エニィエッ?】
他には?

(Do) You work here? 【ユワクヒヤ?】
ここで働いてるの? 店員さん? ここの人?

All set? 【オールセッ?】
準備できましたか? 全部そろっていますか?

英語のコツ❹

英文法は、「本質」を理解する

英語のコツ❹

日本語を前から読むように、英語も前から順番に訳す

🖉 FIFO方式を活用

駅の電光掲示板に「他線の運行状況」がテロップで流れると、そのまま文字を読んでいくと思います。

学校で習った、英語の関係代名詞の訳し方みたいに、「〜であるところの」なんてひっくり返すことはないでしょう。

英語を読むときも同じです。同時通訳で言う、**First In First Out＝FIFO方式**（最初にインプットしてきた語を、最初にアウトプットする）です。

たとえば、次の例文を訳してみましょう。

> **I think Japan is now in a severe situation.**

日本語としてきれいに訳そうとすると、「日本は現在、深刻な状況にあると思います」になります。これをFIFO方式で頭から順に訳すと、「私は思う、日本は、いま、中にいる、深刻な状況の」となるのです。

この方式のほうが、圧倒的に速く読めますよね。いちいち前に戻ったりする必要はありませんから、読める英文の

量も増えるでしょう。

✏️ ニュースの英文テロップで練習する

このトレーニングには、CNNなどのニュースの英文テロップを活用するのがいちばんです。

> **Foreign ministers discuss Libya's future.**

「外国の首相たちは、議論する、リビアの将来を」と頭から読んでいけばいいのです。

テロップ英語はa / theといった冠詞などが省略される傾向にあることも覚えておきましょう。

また、新聞の見出しもそうですが、**be動詞もたいてい省略**されます。実際のCNNのテロップから例文を紹介しましょう。これは「JAPAN'S NUCLEAR CRISIS」という見出しのニュースの一部です。

> **Water used to cool reactors now poses problem.** (原子炉を冷却するために使われた水が、いま問題を引き起こしている)

この例文を文法的に正しくするとこうなります。

> **Water which is used to cool the reactors now poses the problem.**

英語のコツ❹

関係代名詞のwhichとbe動詞、冠詞が省略されています。つまり日常会話、メールのやりとり、twitterなどは、このCNNのテロップ風で十分なのです。

✎ お決まりの英語構文も前から訳す

「決して、ひっくり返らない」と心に刻んで、いままで覚えた英語構文も、前から処理しましょう。

たとえば、so that構文と呼ばれているもの。「**so（形容詞）that I can't...**」も、「**すごく（形容詞）なので、〜できない**」。決して「〜できないほど、（形容詞）だ」と、後ろから訳さないようにします。

> I am so happy that I can't say anything.

この例文も頭から訳して、「すごくうれしくて、できません、言うことが、何も」⇒「すごくうれしくて、言葉がありません」とするわけです。

too...to構文も、tooは「限度を超えている」と理解し、「**…すぎて〜できない**」と覚えておきましょう。決して後ろから訳さない。少し長めの例文です。

> Great music is never too long. It is certain listeners' patience that is too short.

これをFIFO方式で直訳すると「偉大な音楽は、決して

ない、長すぎることは。ある種のリスナーの忍耐、あまりに短すぎる」となります。

これだけで、おおまかな意味をつかめるのではないでしょうか。こなれた日本語にすると、「名曲は長すぎるということはない。ある種のリスナーの忍耐力こそが、短すぎるのだ」となります。「短期は損気」ですね。

かたまりごとに訳す

もうひとつ例文を挙げましょう。

Take what you want. And toss the rest.

いらないものを整理していて、友人に「いるものは取って、残りは捨てて」。そんなときの英語ですが、これをFIFO方式で頭から訳してみると、**単語ごとより、意味のかたまりで訳したほうがわかりやすい**ことに気づきます。

日本語でもシ・ン・ブ・ンより、漢字のまとまりで「新聞」と捉えたほうがわかりやすいでしょう。

この例文の場合は、what you wantをひとかたまりとして「君が必要なもの」と訳したほうがいい。つまり、「取れ、君が必要なものを。そして、捨てろ、その残りを」と訳せば、とてもわかりやすいですね。

英語のコツ❹

各段落の第一文だけを読めば、英文の概略をつかめる

🖉 速読のポイントは第一文

英語は日本語より、はるかに速読しやすい言語です。

結論が最初にあるからです。時間がなくて英字新聞などを速読するときは、各段落の第一文だけをサッと読めば、その記事の概略がわかります。

大見出しを読み、トピックをざっくりつかみ、それから各段落の一文目だけにサッと目を通す。これで、概略とポイントがつかめるはずです。

試験の長文問題でも同じように、まず第一文だけサッと読み、大意をつかめば、落ち着いて問題に取り組めますね。

日本の新聞記事も、一文目に結論が書かれていることが多いですね。事実を報道するメディアですから、基本的に「誰が、何を、いつ、どこで、どうした、どのように」という5W1Hが明確です。忙しい読者もサッと主旨をつかめるよう心がけているのでしょう。

最近の日本のビジネス書も、一文目にいちばん言いたいことが書かれてます。日本語は英語に近づいているのかもしれません。

Column 11 「時間かせぎ」英語

会話に困ったとき、考えているフリをしたり、相手の話にあいづちを打つことも
コミュニケーション術のひとつです。いろいろなバリエーションを覚えておきましょう。

Umm… Humm… mmm…
う〜ん……

Let's see…=Let us see.
ええっと、一緒に見ましょう

Let me see…
どうでしょうかね……

Let me think…
ちょっと考えさせて……

Well…
そうだなあ、そうねえ

Actually,
実は! なんと! (※相手によっては失礼になるので要注意)

In fact…
実は……

As a matter of fact…,
実際……

I mean,
いや、つまり……

You mean…
ということは、それってつまり……

Um…I guess…
たぶん、〜と思うんだけど……

Yeah, right…
ええ、たしかに……

英語のコツ❹

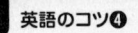

IとYouの関係性を知れば、
theの使い方が見えてくる

🖉 「私」と「あなた」の関係性

パート1でも触れましたが、日本語で「私」と「あなた」を表わす言葉は、いったいどれだけあるでしょう。

わたし、わたくし、あたし、自分、わて、オレ、ぼく、おいら、ワシ……。あなた、キミ、そなた、おぬし、おまえ、おまえさん、あんた……。挙げたらキリがないですね。

ところが、英語には、I（We）とYouしかありません。性別・年齢・立場・肩書きに関係なく、情報やメッセージを発信する人はI（複数ならWe）、情報やメッセージを受け取る人はYou（複数も同じ）なのです。

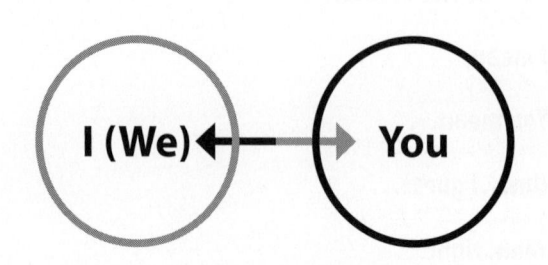

I (We) ⇔ You

🖉 IとYouの間にある「the」

このIとYouの間の「了解事項」「例のアレね」という意味合いで特定化するために使われるのがtheです。

> **Open the door.** (そのドアを開けて)

この例文の場合、「I—You」の間で「どの扉なのか」二者間でわかり合っています。ですから、the（その、例の）が使えるのです。

> **Where is the bathroom?** (トイレはどこですか？)

この場合も「I—You」間でわかり合っている「トイレ」なので、家の中にいる場合であれば、「この家のトイレ」になりますし、ホテルなどなら「いちばん近いトイレ」になります。

状況から判断して、どのトイレを言っているのか明確ですから、theを使っているのです。

英語のコツ❹

数字の読み方には、簡単なコツがある

🖉 数字は2ケタずつ読む

英語での数字の読み方が苦手な人、多いですよね。

海外のホテルで、フロントの人に部屋番号をうまく伝えられないため、スムーズにルームキーをもらえなかったという経験はないですか。

特に、「大きい数の読み方がサッパリわからない」という声をよく聞きます。

もっともシンプルな読み方は「2ケタずつ」読むこと。

> 8264（82と64に分ける）= eighty-two, sixty-four
> 1525（15と25に分ける）= fifteen, twenty-five
> 720（7と20に分ける）= seven, twenty

上から2ケタずつではなく、下から2ケタずつです。

ていねいに読むなら、8264 = 8000 + 200 + 60 + 4 = eight thousand two hundred (and) sixty-four. となりますが、2ケタずつのほうが簡単ですよね。

🖉 大きい数字の場合は、カンマを活用する

大きい数字になるほど、ケタの間違いに注意してください。金額など、1ケタ違うだけで大きなトラブルになってしまいます。

数字のケタを間違えないためのコツは、カンマを付けること。たとえば、10000であれば、カンマを付けて10,000と考えます。実際に紙に書いてもいいですし、頭の中で思い描いてもいいでしょう。

```
10,000 = ten thousand
7,000,000 = seven million
42,000,000,000 = forty-two billion
```

下からひとつ目のカンマは thousand（千）、二つ目のカンマは million（100万）。三つ目のカンマは billion（10億）です。

また小数点の読み方は、日本語と同じで小数点をポイントと読み、小数点以下は、「2ケタずつ」ではなく、日本語と同じで「1ケタずつ」。たとえば、円周率なら

```
3.14 = three point one four
```

と読めばいいので、とても簡単ですね。

英語のコツ❹

主語や時制によって、動詞が変化する英語の不思議

🖉 なぜ、三単現にはsが付くのか

英語を学習し始めた当初、「主語がHeやShe、Itのときは、動詞に三単現のsを付ける」と習いました。

なぜ、そのようなややこしいことをするのだろうと不思議に思ったものです。

もともと英語には、主語が三人称のときだけでなく、一人称や二人称の場合も動詞の語尾変化がありました。ドイツ語などでは現在もそうです。

簡単に言ってしまえば、これは**古い慣習の名残**です。英語が世界の共通言語になるにつれ、省かれつつあります。

英語に大きな影響を与えたフランス語やドイツ語には、男性名詞や女性名詞といった、とてもややこしいものが存在します。しかし、英語にはそのようなものはなくなりました。言語が進化したと言ってもいいでしょう。

三単現のsも、いつかなくなる可能性もあります。

逆にデンマーク語のように語尾変化が消滅してしまった言語もあります。

最近は若者などの間でsを省略してしまうケースがちらほら出てきています。

　また英語が母語でない非ネイティブの英語でもこのsが落ちてしまうことがよくあります。将来、この語尾変化がなくなる可能性は否定できないでしょう。

🖉 規則動詞と不規則動詞があるのはなぜ？

　もうひとつ、動詞についての不思議は、規則動詞と不規則動詞でしょう。現在形＋edで過去形と過去分詞を表わせる規則動詞に対し、go-went-goneのような複雑な変化形を持つ不規則動詞。

　すべての動詞が同じように変化してくれたら、ものすごくわかりやすいはずです。

　実は、これも昔の英語の名残です。
　昔の英語はほとんど不規則動詞でした。 時代とともに複雑な変化形が忘れられ、逆に**日常的によく使う動詞だけが不規則動詞として生き延びた**のです。

　ですから、不規則動詞のほとんどが日常的によく使う動詞なのです。

　現在ではdreamやlearnのように過去形と過去分詞の二つが、dreamedとdreamt、またlearnedとlearntのように、規則、不規則変化のどちらも使われている動詞もあります。

　進化途中の単語なんですね。

英語のコツ❹

スターバックスやデニーズの「S」に隠された秘密

🖉 店名には所有格のsがよく使われる

日本の会社名「トヨタ」「松下電器」「森永製菓」「マツモトキヨシ」などは、創業者の名前に由来していますね。

英米では食品関係の有名企業に、McDonald's（マクドナルド）、Harrods（ハロッズ）、Starbuck's（スターバックス）、Denny's（デニーズ）など、「人名＋所有格のs」が付いた名前をよく見かけます。

このsには「〜の店」という意味があって、日本で言えば「〜商店」という感じです。

高級デパート・ハロッズの出発点は、ハロッズさんの食料品店でした。

デニーズはもともとダニーズ・ドーナッツショップ（ダニーさんのドーナツ屋）でしたが、近所に似た名前の店が出店したので、デニーズに変更したそうです。

ちなみに、ピザチェーンShakey's（シェーキーズ）は、創業者がいつもお客さんと握手していたので「shake hands」（握手）が縮まってシェーキーズになったそうです。

店名の由来を調べるのも、英語を楽しく学ぶ方法ですね。

Column 12 ネイティブは使わない英語

中学校で習った英語の中には、今のネイティブが使わない
フレーズがありますので要注意です。

「お名前は?」
× **what's your name?** (横柄な感じ)
○ **Your name, please.**

「元気です」
× **I'm fine.** (あまり使わない)
○ **I'm good. / I'm OK. / I'm not so bad.
Great. / I'm pretty good.
I'm excellent. / All right.**

「遅れてごめんなさい」
× **I'm sorry to be late.** (古めかしい)
○ **I'm sorry I'm late. / Sorry, I'm late.**

「車で行きます」
× **I go there by car.** (あまり使わない)
○ **I drive there.**

「手伝いましょうか?」
× **Shall I help you?** (イギリス風で古めかしい)
○ **Can I help you?** (友人に対して)
May I help you? よりていねいな表現)

英語のコツ❹

日本語訳は同じでも、単語ひとつでニュアンスが異なる

✐ 使役動詞の程度問題

単語ひとつでニュアンスが異なるものが英語にはたくさんあります。

その代表格が「～させる」という使役動詞です。

「～させる」を表わす使役動詞には、「make」「have」「let+人orモノ+原形」の3パターンがあります。

日本語に訳すと、どれも「～させる」となりますが、それぞれによって、強制力に違いがあるのです。

それぞれの使役動詞で、どの程度の強制力を持っているのか見てみましょう。

もっとも強制的なのは make。「有無を言わさず強制的にやらせる」ときに使います。

> **I made my son clean the room.**
> （息子に無理やり部屋を掃除させた）

have は makeに比べるとかなり相手の立場に立っていて「～してもらう」というニュアンスになります。

> **I had my sister cut my hair.** (妹に髪を切ってもらった)

let になると強制力は影をひそめ、「**勝手に〜させる、自由に〜させる、好きなように〜させる**」となります。

> **Let it be.** (なすがままに、あるがままに)
> **Let me go.** (行かせて、好きにさせて)
> **Let me introduce myself.** (自己紹介をさせてください)

このように、同じ使役動詞「〜させる」であっても、そのニュアンスはまったく異なるのです。

✏ should より had better の方が強い

もうひとつ、多くの日本人が間違っている例を挙げたいと思います。

それは、should と had better です。

学校では、「should＝すべき」「had better＝したほうがいい」と教わったと思います。

ところが、ネイティブはまったく逆の意味で使っています。つまり、**本来は「should＝したほうがいい」「had better＝〜しろ、言われたとおりにしないとヤバイぞ、すべきだ」**という意味なのです。

英語のコツ❹

> **We should not arrive too late.**
> (我々の到着が手遅れにならないほうがいい)

　東日本大震災のとき、日本への救援隊派遣についてのフランスの発言です。shouldを使っていますから、「遅れを取らないほうがいいぞ」というニュアンスになります。

　それに対して、had betterを使った場合は？

> **We had better not arrive too late.**
> (我々の到着が手遅れになったら大変なことになるぞ)
> ※had betterは一語扱いで、否定形は had better notです。

　had betterの裏側には、「さもないと大変なことになる」という意味が含まれているのです。

> **You'd better see a doctor.**
> (お医者さんに診てもらわないと大変なことになるよ)
>
> **You should see a doctor.**
> (お医者さんに診てもらったほうがいいよ)

　このように、had betterのほうが、より危険度が強いということ。間違って使ってしまうと、「傲慢なやつ」と思われてしまうので、注意が必要です。

Column 13 バイトフレーズ①

海外のレストランでアルバイトをする場合に使えるフレーズです。これを知っていれば、お客さんの立場の場合でも、聞き取ることが容易になるでしょう。

● 入店時のフレーズ

Hi! May I help you?
いらっしゃいませ。

How many?
何名様でしょうか?

Do you smoke, sir/ ma'am?
おタバコはお吸いでしょうか?

Just a moment, please.
少々お待ちください。

● 席に案内するときのフレーズ

Take your seat. / Take your table.
お好きな席にどうぞ。

Follow me, please. / This way, please.
ご案内します。

● 注文を聞くときのフレーズ

Are you ready to order?
ご注文はお決まりでしょうか?

Anything else? Is that it? All set?
他にご注文はありますか?(ご注文は)以上でしょうか?

If you have a question, please let me know.
もし何かありましたら、おっしゃってください。

英語のコツ❹

英単語ひとつだけでも、いろいろなことが言える

🖉 英語の「お湯」がhot waterになる理由

日本語で「水」と言った場合、ふつうは常温の水のことを言います。温度によって「氷水」「冷水」「ぬるま湯」「湯」「熱湯」と、言い方も変化します。

ところが、**英語のwaterはH₂Oそのものです**。0度から100度までのすべてをカバーします。ですからcool water, warm water, hot water, boiling waterなど、形容詞を付けて表現するのです。日本語で言えば、「冷たい水」「白湯(さゆ)」「お湯」「熱湯」ということですね。

また英語では、海や香水のこともwaterと呼ぶことがあり、用途が実にダイナミックです。

> **add more water to the tea** (お茶に湯を足す)
> **his house looked over the water**
> (彼の家からは海が見わたせた)
> **hold one's water** (トイレを我慢する)
> **rosewater** (ばらの香水)

🖉 基本動詞の意味は幅広い

英語の基本動詞の、give, get, have, do, makeなども、カバーする範囲が日本語よりも100倍くらい広い感じです。

たとえば「make＝つくる」と覚えて安心していると、makeの働きの1％くらいしか活用できません。

makeには、「する」「〜させる」「うまくいく」「引き起こす」「料理をする」などの意味もあるのです。

また「見る」という意味の英単語はたくさんあります。

> look, see, watch, spot, gaze, stare,
> eye, glimpse, peer, peep……

これらの各単語がカバーするイメージは、それぞれ違います。たとえば、lookとseeの違いを見てみましょう。

日本語では、同じ「見る」ですが、**lookは「目線、視線を向ける」だけ**。ですから、目線・視線の焦点がatを使って表わされます。Look at me.（私を見て）ですね。

それに対して、seeはlook＋「脳の中の映像、イメージ、絵」。目と脳が関係してくるので、**seeは「見る」にとどまらず、「わかる、理解する」という意味まで広がる**のです。日本語の「話が見えない」と同じ発想ですね。

こうした基本的な動詞を、ぜひ、英英辞典で調べてみてください。英語のおもしろさを発見できると思います。

英語のコツ❹

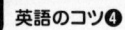

学校で習った「命令文」は、本来の意味のごく一部

✐ 命令文は偉そうな言い方ではない

　学校で教わる文法やルールの中には、実践的でないものが少なからずあります。日本語・日本文化のバイアスがかかっているために、ズレたニュアンスで覚えてしまったという場合もあるのです。

　たとえば「命令文」。学校では「人に命令するときに使う。主語が省略され、動詞の原形で始める」と習ったのではないでしょうか。

　間違いではありませんが、それがすべてではありません。**英語の命令文には、「～したら？」「～してほしい」という指示や、目上の人へのお願いにも使えます。**

　たとえば、次の命令文を訳すとどうなるでしょうか。

> Open it.

　おそらく「それを開けろ」と訳すのではないでしょうか。しかし、言い方、気持ちの込め方によって、ニュアンスが変わってくるのです。

　命令口調で言えば、「開けろ」になりますし、プレゼン

トを渡しながらやさしく言うと、「開けてみて」といったお願いをこめた意味になります。

日本後で「命令」と言えば、上から下へ有無を言わさずというイメージがあるので、「命令文」という名前に引きずられてしまいます。英語の「命令文」は「依頼文」も含むと覚えましょう。

「上から下へ」の命令は、命令文での用途としては、ごく一部です。いつも上から命令されているわけではないのです。

🖉 命令文のYouが省略される理由

命令文では主語（You）が省略されます。その理由は、相手が目の前にいて明白だからです。

しかし、わざとYouを使う場合があります。それは、①「あなたが」と力を込めるとき、②複数の相手に言うとき。

たとえば、目の前の二人の相手に命令・指示するときは、次のように、それぞれに話します。

> **You run. You jump.** （君は走れ。お前はジャンプして）

命令文を使って、ていねいに表現するなら、pleaseを付けたり、文章にしてCould you...?やWould you mind...ing?を使ったりします。

英語のコツ❹

have to はなぜ「ハヴ・トゥー」ではなく、「ハフ・トゥー」なのか

🖊 must と have to は同じではない

must = have to / has to。発音はにごらないで「ハフ・トゥー／ハス・トゥー」と読む、と中学生で習ったと思います。

「なぜ?」と思いませんでしたか? わが息子が中学生だったとき、「mustだけではダメなの? ハヴ・トゥーと読んだら間違い? 通じない?」と質問してきました。

まず、must と have to / has toは、まったく同じではありません。**mustには強い意志がこめられ、人に対しては、命令の意味を含みます**。must notと否定形になると、禁止の意味になります。ルールを表わすmustもあります。

> **I must go home now.** (もう帰らなきゃ:意思)
> **You must go home now.** (もう帰りなさい:命令)
> **You must not go home tonight.**
> (今夜は帰っちゃダメ:禁止)
> **All students must go home before 5 p.m.**
> (生徒は全員、5時前に帰宅すること:ルール)

一方、have toには、客観的な判断が入ります。外的な力、要因が働いているとも言えます。

> **I have to go home now.**［たとえば、門限があるから］（もう家に帰らなきゃ）
>
> **You don't have to stay here.**（君はここに泊まらなくてもいいよ＝いやなら泊まらなくてもいいよ）

🖉 have to を「ハフ・トゥー」と発音する理由

have to / has to が「ハフ・トゥー／ハス・トゥー」になる理由は、toと tooと twoの発音が同じだからではないでしょうか。

「I have トゥー」という音が聞こえたら、可能性として、

> **I have two books.**（本を2冊持っています）
> **I have to read two books.**（本を2冊読まなくちゃ）
> **I have too many books.**（私は本を持ちすぎている）

と、いくつも文が考えられます。「持っている」のhave＝ハヴと「～しなければ」のハフ・トゥーは、発音を分けたほうが間違いが起きないと、先人たちが考えたのですね。

同じことがused to＝ユーストゥ（今は違うが、過去はそうだったの意味）にも当てはまります。

動詞のuse（使う）＝ユーズ、過去形used＝ユーズドゥとused (to)を区別するために発音を変えたのでしょう。

英語のコツ❹

英語の「時」(時制)は、
立ち位置をハッキリさせる

🖉 英語では「いつのできごとか」が重要

多くの人は、英語の時制が苦手です。現在形、過去形、未来を示す言い方だけでなく、過去完了形、現在完了形、現在進行形などがあるので、より複雑に感じられるのかもしれません。

なぜ、わざわざこれらを使い分けないといけないのか。普段の会話で現在形と過去形くらいしか使い分けない日本人にとって、難しく思ってしまうのもわかります。

これまで何度も言ってきましたが、英語とは物事をハッキリさせる言語です。つまり、**「その話は、いつのことなのか」ハッキリさせるために、これほどの時制があるの**です。

そうでないと、「あ・うんの呼吸」が通じない英語圏では、誤解が生じやすいのですね。

でも、あまり難しく考える必要はありません。

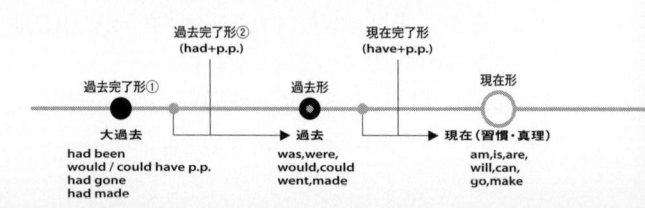

	過去完了形② (had+p.p.)		現在完了形 (have+p.p.)	
過去完了形①		過去形		現在形
大過去		**過去**		**現在(習慣・真理)**
had been would / could have p.p. had gone had made		was,were, would,could went,made		am,is,are, will,can, go,make

基本ルールさえ覚えてしまえば、あいまいな日本語の時制よりも、ハッキリした英語の時制のほうが簡単です。

　まずは、図を見てください。
　現在と未来、過去については、イメージしやすいと思います。日本語のように過去のことを現在形で言うことはなく、「過去のことは過去形で」と覚えておけば大丈夫です。
　そして、時制を全体として捉えてください。個々のものから全体的なイメージ、まとまりとしてつかんでください。

🖉 現在形と現在進行形の違い

　現在のことを言う場合、現在形と現在進行形があります。この二つには次のような違いがあります。

現在形：習慣的な行動、普遍的なこと（真理）を表す
現在進行形：今現在という点を表す

> ① **What do you do?**（仕事は何をしているの？）
> ② **What are you doing now?**（今、何しているの？）

　①の文は現在形で、習慣的なことを言っているので「普

未来を示す言い方	1. 現在形 2. 助動詞 3. be going to 4. 現在進行形 5. be to など

未来　　　　　　　　　　　　　　　　　　時系列

段何をしているか」、つまり「何の仕事をしているのか」を聞いています。

一方、②の現在進行形は、まさに現在というピンポイントを指します。ですから、「今、何をしているか」をたずねているのですね。最中、途中を表わしています。

完了形は、時間を幅で捉える

現在の日本語の感覚にないのが完了形でしょう。

完了形のポイントは、「幅を持った時間」ということ。特に現在完了形の場合は、過去のことを現在までひきずっているというイメージです。

現在完了形:過去から現在までひきずっている
過去完了形:過去よりさらに過去

> I have known him for two years.
> (彼のことは二年前から知っています)
>
> I had finished my homework before I had dinner.
> (夕食を食べる前に宿題を終わらせました)

過去完了形にも「幅を持った時間」という感覚がありますが、「過去よりもさらに過去」と覚えておきましょう。

過去から見てさらに過去のことを「大過去」と言いますが、大過去のこと、大過去から過去までのことは、すべて過去完了形で表します。

Column 14 バイトフレーズ②

前のコラムに引き続き、バイトで使える英語フレーズです。
今回は、レストランでもっとも難しい会計時のフレーズをまとめました。

● **会計をするときのフレーズ**

Can you please pay here first, sir/ ma'am?
会計を先にお願いします。

The total is 5,450 yen.
合計で5450円になります。

Cash or charge?
お支払いはカードでしょうか、現金でしょうか?

It's the late-night charge.
深夜料金でございます。

Here is your change.
こちらがお釣りです。

Do you have our club card?/ the rewards card?
ポイントカードお持ちでしょうか?

This coupon is good only here.
このクーポンは当店でしか使えません。

Do you need this receipt?
レシートはご利用でしょうか?

Thank you very much.
ありがとうございました。

Have a nice day/weekend. (beautiful Sunday/ afternoon.)
よい一日を／週末を。(すてきな日曜日を／午後を)

英語のコツ❹

仮定法は「ありえね〜」
「あるある」で簡単に理解できる

✏️ 「ありえね〜」は過去形、「あるある」は現在形

　仮定法は「時制がやっかい」なイメージがありませんか。仮定法は、まずこれを頭に入れるとすっきりします。

・「ありえね〜」〜仮定法過去

　太陽が消える、ゴジラが現われる、10人からプロポーズされるなど、まずありえない話、現在の事実とかけ離れた話は、今の仮定でも将来の仮定でも、現在からひとつ時制をバックさせて仮定法過去になります。

> **If the sun disappeared now, almost all the living things would die out.**
> （もし今、太陽が消えたら、ほとんどの生物は死に絶えるだろう）
>
> **If I won ten million yen in a public lottery tomorrrow, I would buy a car.**
> （もし明日、宝クジで1千万円当たったら、車を買おう）

　なぜ助動詞wouldが使われるのでしょうか？　それは、

ほぼ100％あり得ない「もしもの話」なので、「客観的な事実ではなく、あくまで推測、願望ですが」ということを表わすため。ほかに should, could, might も使われます。

・「あるある」〜現在時制

> **If the sun sets, the temperature goes down.**
> （太陽が沈むと、気温が下がる）

起こりうることを、if~を使って述べています。

🖉 仮定法過去完了は「もしもあのとき〜でなかったら」

過去におきたことや史実に対して仮定するときは、過去完了形を使います。

・「もしもあの時」〜仮定法過去完了

> **If I hadn't drunk isotonic drinks yesterday, I might have suffered heat exhaustion.**
> （もし昨日、スポーツドリンクを飲んでいなかったら、熱中症になっていたかもしれない）

過去のできごとへの仮定なので、時制は過去形ではなく、ひとつバックさせて過去完了形を使います。

英語のコツ❹

willとbe going toは
まったく違う意味

🖉 willとbe going toのニュアンス

学校でwill=be going toと教えているのも、問題です。たとえば「今にも雨が降りそうだ」と言うとき、次のどちらが正しいと思いますか？

> It will rain.
> It's going to rain.

答えは「どちらも正しい」。ただし同じではありません。**willとbe going toのニュアンスはちょっと違います。**

It will rain.は、単純に「降りそうだ」という予測です。単に勘で「天気予報で台風が近づいていると言っている」場合は、willを使います。

一方、It's going to rain.は、空模様があやしくなっている状態。文字通り、そちらに向かって「進行」しています。

たとえば、雨雲がみるみる増えてきた。風が強まっているようなときに使います。

根拠があって「雨が降りそうだ」と判断したときは、be

going toを使うということですね。状況から見て、その方向に向かう徴候があるときに使うわけです。

🖉 気持ちの移り変わり

willとbe going toの違いは、天候だけではありません。気持ちや心情でも同じです。

> **It's gonna be fine.** （大丈夫だよ）

be gonnaは、be going toの口語的な短縮形、省略形です。この場合、状況から判断して予測しているのでwillは使わないのです。**あてずっぽうではなく、前提、前兆、きざし、予感、心構え、準備などがある場合にはbe going to（be gonna）を使います。**

🖉 現在進行形は切羽詰った状態

すでに肌に雨が落ちてきているような切羽詰まった状況、「雨だね」=「降ってきているね」というニュアンスなら、英語では現在進行形を使います。

> **It's raining.**

『サンタが街にやってくる』の歌の歌詞も、"Santa Claus is coming to town."です。サンタのソリが近づいてくる音が、リアルに聞こえてくるようなワクワク感が、現在進

英語のコツ❹

行形で表現されています。

ここまでを整理すれば、次のようになります。

> **People die.** （人間とは死ぬものだ：**真理**）
> **That man will die.** （あの男は死ぬだろう：**予想**）
> **That man is going to die.**
> （あの男はもう長くないだろう：**根拠がある予感**）
> **That man is dying.** （死につつある：**進行中**）

最後の例文のdyingを使った熟語にbe dying toがあります。比喩的な言い方ですが、「死ぬほど〜したい」という意味です。まさに、「死んでしまうほど」という切羽詰ったニュアンスが含まれているのです。

日本人はwant toは思いついても、be dying to はなかなか出てきませんね。「もう〜しなければ、どうにもならない。どうしても〜したい」ときには使ってみましょう。たとえば、海外にいて、「米の飯が食いたい」と言うときは、want toよりbe dying toを使ったほうが、より切迫感があります。

> **I want to eat cooked rice.** （ごはんが食べたいです）
> **I'm dying to eat cooked rice.**
> （コメ食いてー。コメ食わなければ、死ぬー）

Column 15 励ます英語フレーズ

落ち込んでいる友だちや仲間を励ますときに使えるフレーズを紹介しましょう。

Cheer up!
元気を出して!

Never lose! Never give up! Hold on!
負けないで!

You (We) can do it!
あなたなら(私たちなら)できる!

Good luck!
幸運を祈る!

Please take it easy.
気をラクにして。気にしない、気にしない。

Think positive!
前向きに考えて!

Be confident!
自信を持って!

No worries!
心配するなって!

Never mind! Take it easy.
(あやまる相手に)気にしないで!

Take good care of yourself.
お大事に。お身体をいたわってください。

I'm sure you can get over this adversity.
きっとあなたなら、この試練を乗り越えられます。

英語のコツ❹

イメージで覚えれば、前置詞は怖くない

🖉 英語は前置詞、日本語は後置詞

　学校に行く、銀座で買い物する……。日本語は施設や地名のあとに「に」や「で」を付けて、場所や目的地を表わします。

　英語はどうでしょうか。

> **I go to school.**（学校に行く）
> **I went shopping at Ginza.**（銀座で買い物をした）

　学校や銀座の前にtoやatが置かれています。

　このtoやatは、**「前に置かれる言葉」**ですから、英語では**「前置詞」**と呼ばれます。日本語の助詞は、「後に置かれる言葉」なので、いわば「後置詞」ですね。

　前後が逆のせいか、日本人はどうも前置詞が苦手のようです。

　私たちは助詞をうまく使い分けていますが、たとえば「銀座に行った」と「銀座へ行った」との違いを聞かれても、うまく答えることができません。助詞のルールは、ひとことでは説明できません。

一方、英語の前置詞は、単純なルールでかなりつかめます。実は、日本語よりもわかりやすいのです。

✏ 焦点のat、接するon、中にいるin

そこで、英語の前置詞のイメージをまとめてみました。

---

at：一点、的や焦点　例）look at（見る）

on：接点、接触　例）put on（のせる）

in：〜の中、分野、囲まれている、〜製
例）in the sea（海の中に）、be interested in（興味を持つ）、be dressed in black（黒服を着る）、made in Japan（日本製）

from：〜から（場所、時間、人）、出身、発祥、原産、原因
例）call from Maki（マキからの電話）、came from China（中国産）

to：到達点　例）go to the station（駅に行く）

for：模索・方向性　例）look for the book（本をさがす）

about：周辺、まわり　例）walk about（歩きまわる）

around / round：旋回、あたり
例）around the corner（すぐそこの角、もうすぐ）

over：超（越）える　例）over the rainbow（虹のかなた）

across：斜めに向かう、横切る
例）across the street（道を渡る、通りの向こう）

between：間を示す　例）between you and me（ここだけの話）

英語のコツ❹

数えられる名詞と
数えられない名詞の違い

🖉 可算名詞と不可算名詞

　英語の名詞が「数えられるかどうか」では、けっこう悩むのではないでしょうか。
「数えられる名詞（可算名詞）」か「数えられない名詞（不可算名詞）」を、ざっくり分けてみましょう。

> ① 身近なもの、具体的なものは数える
> ② 縁遠いもの、抽象的なものは数えられない

　この違いは、流動的な部分もあります。たとえばmailは「郵便物」という集合名詞、あるいは抽象名詞と考えられていたので、かつては「数えられない名詞」でした。
　しかし、コンピュータが普及し、携帯も含めmailがとても身近な存在になった今、three mailsとか、your e-mailsという表現が普通になりました。つまり、時代の変化で数えられる名詞に変わったのです。
　また、中学校で「fishは数えられない」と教えられたと思います。ところが、英米の幼児向けビデオなどを見ると、three fishiesと言っている子どもがいます。目の前の具体

的な魚を見て、「三匹」と数えるほうが自然ですよね。

また、インド英語ではfurnitureも「家具が二つ」という意味で、two furnituresと言うそうです。

英語の世界では、椅子やテーブル、ソファなどが数えられ、それをまとめる意味のfurnitureは「数えられない名詞」と、一般的に考えます。しかし、普通にsが付いても、別に不思議ではありませんよね。家具は数えてもよさそうですし、とても身近なものですから。

英語の試験では two pieces of furnitureと答えないと間違いになってしまいますが、日常会話では two furnituresと言っても、特に問題はなさそうです。

「時間」は本当に数えられないのか

timeはどうでしょう。「時間」という抽象的なものですので、やはり「数えられない名詞」でしょうか。

> **Time is money.** (時は金なり)

この timeは、**抽象的な「時間」ですから、数えることはできません。**しかし、同じ「時間」でも、**「一時間」の「時間」は、数えられます。** one hour（一時間）、two hours（二時間）……。

同じように、minute（分）、second（秒）も数えられます。hour / minute / secondは、身近で具体的なものなの

で、数えられるのです。

ちなみに、同じ time でも、意味が「回数」になると、two times（二回）と数えられる名詞になります。一回、二回と数えられるから、自然に複数形になるのです。

🖉 日本の「お金」が数えられない理由

dollar（ドル）は数えられるのに、日本の yen（円）は数えないのはなぜなのかと思ったことはありませんか？

これも「身近であるか」、「具体的であるか」という視点から考えるとわかりやすいでしょう。

「ドル」はアメリカ人にとって、たいへん身近なものですから数えることができます。

一方、「円」は、今でこそ普通かもしれませんが、とても縁遠い、抽象的な存在だったわけです。ですから、世界経済において、「円」がとても身近なものになれば、

> **I have 20 thousand yens.**（2万円持っています）

と、数えられる名詞になるかもしれませんね。

Column 16 愛を語るフレーズ

英語で愛を語れるようになれば、もはや英語上級者。
せっかくなのでロマンティックな表現を覚えておきましょう。

You look so beautiful tonight!
今夜のキミは、すごくきれいだ!

I think about you all the time.
キミのことしか考えられない。

I wanted to hear your voice.
声を聞きたかったんだ。

I had a dream about you.
あなたの夢を見たわ。

I can't live without you.
君なしでは生きていけない。

You're everything to me.
あなたが私のすべて。

Let's hold hands.
手をつなごうよ。

I'll give you a kiss.
キスするよ。

I was born to make you happy.
あなたを幸せにするために、私は生まれてきたの。

You mean a lot to me.
あなたがとても大切なの。

All I want is you.
キミがいてくれるだけでいい。

コンパクトながら
高い学習効果があると
大評判!

アスコムのmini
好評につき

mini版 ネイティブに嫌われる英語
デイビッド・セイン 680円(税込)

mini版 たった1文からトコトン学べる 私の英語ノートを紹介します。
石原真弓 680円(税込)

mini版 ネイティブスピーカーにグッと近づく英語
デイビッド・セイン 680円(税込)

bookシリーズ
次々と登場!

店頭にない場合はTEL:0120-29-9625かFAX:0120-29-9635までご注文下さい。
アスコムホームページ(http://www.ascom-inc.jp)からもお求めになれます。

mini版 英語を話す力が一気に身につく!!
瞬間英作文ドリル
森沢洋介
瞬間英作文ドリル 森沢洋介 680円(税込)

mini版 NHK英語でしゃべらナイト
英語で京都を案内できますか?
NHK英語でしゃべらナイト 英語で京都を案内できますか? 森谷尅久 790円(税込)

mini版
読むだけで英語が楽しくなる本
デイビッド・セイン
読むだけで英語が楽しくなる本 デイビッド・セイン 680円(税込)

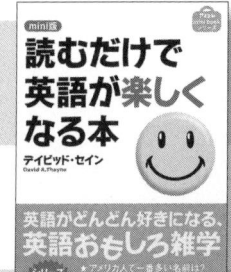

mini版
ネイティブが使う英語 使わない英語
デイビッド・セイン 小池信孝
ネイティブが使う英語 使わない英語 デイビッド・セイン 650円(税込)

英語は要領!

発行日　2012年2月12日　第1版第1刷

著者	山西治男
デザイン	間野 成
編集協力	日高あつ子、森秀治
編集	柿内尚文、舘 瑞恵
発行人	高橋克佳
発行所	株式会社アスコム
	〒105-0002
	東京都港区愛宕1-1-11　虎ノ門八束ビル
	編集部　TEL:03-5425-6627
	営業部　TEL:03-5425-6626　FAX:03-5425-6770

印刷・製本　中央精版印刷株式会社

Ⓒ Yamanishi Haruo　株式会社アスコム
Printed in Japan　ISBN 978-4-7762-0719-1

本書は2011年6月に小社より刊行された
『大人のやり直し英語』を加筆修正したものです。

本書は著作権上の保護を受けています。
本書の一部あるいは全部について、株式会社アスコムから文書による許諾を得ずに、
いかなる方法によっても無断で複写することは禁じられています。

落丁本、乱丁本は、お手数ですが小社営業部までお送りください。
送料小社負担によりお取り替えいたします。
定価はカバーに表示しています。